Knaur.

Knaur.

Über die Autoren:

Alexander Schick ist Wissenschaftspublizist und Fachmann für alte Bibel- und Handschriftenfunde. Zu seinem Expertengebiet gehören die Entdeckungen von Qumran und die Schriftrollen vom Toten Meer. Er verwaltet eines der größten Qumran-Archive und veröffentlichte zahlreiche Bücher über die Schriftenrollen. Seine Ausstellungen zur Geschichte der Bibel und der Qumran-Rollen haben bisher über 400 000 Besucher gesehen. Weitere Informationen unter: www.das-wahre-Sakrileg.de

Michael Welte ist Theologe und steuerte die theologischen Hintergründe bei. Bis zu seiner Pensionierung war er wissenschaftlicher Mitarbeiter am Institut für neutestamentliche Textforschung der Universität Münster. Während dieser Zeit sind Hunderte von uralten Bibelhandschriften im Original durch seine Hände gegangen.

Alexander Schick
mit Michael Welte

Das wahre Sakrileg

Die verborgenen Hintergründe des Da-Vinci-Codes

Knaur Taschenbuch Verlag

Besuchen Sie uns im Internet:
www.knaur.de

Originalausgabe Mai 2006
4. erweiterte und durchgesehene Auflage 2006
Knaur Taschenbuch.
Ein Unternehmen der Droemerschen Verlagsanstalt
Th. Knaur Nachf. GmbH & Co. KG, München.

Umschlaggestaltung: ZERO Werbeagentur, München
Umschlagabbildung: Bob Sacha/Corbis
Satz: Hartmut Czauderna
Druck und Bindung: Clausen & Bosse, Leck
Printed in Germany
ISBN-13: 9-783-426-77955-2
ISBN-10: 3-426-77955-2

8 10 9

Inhalt

Einführung

»The Da Vinci Code«, das Buch, das in Deutschland den Titel *»Sakrileg«* trägt, verspricht eines der erfolgreichsten Bücher zu werden, die je verlegt wurden. Weltweit führt Dan Brown, ein ehemaliger Englischlehrer, die Bestsellerlisten an. Rund 60 Millionen Mal ist der Titel weltweit über die Ladentische gegangen. Dies ist dreißigmal mehr, als bis dahin auflagenträchtige Bestsellerautoren wie etwa John Grisham absetzen konnten. Auch Europa hat das »Dan-Brown-Fieber« ergriffen; als ginge ein Rausch über den Kontinent. Von *»Sakrileg«* verkauften sich bisher allein im deutschsprachigen Raum rund 2 Millionen Exemplare. Die Taschenbuchausgabe startete mit einer Auflage von 1,5 Millionen Exemplaren. Browns Buch ist in 44 Sprachen übersetzt worden (inklusive japanisch, arabisch und hebräisch). Ein Buch der Superlative also!

Die flammende Kritik des Erzbischofs von Genua, der Boykottaufruf des Vatikans sowie der Plagiatsprozess in London hat das Interesse an dem Buch massiv verstärkt. Die Filmrechte wurden nach Hollywood verkauft. Oscar-Preisträger Brian Grazer produzierte den Film mit den ebenfalls Oscar-premierten Akiva Goldsman (Drehbuch) und Ron Howard (Regie). In den Hauptrollen glänzen Megastar Tom Hanks und die ihm – sozusagen als charmantes »Bond-Girl« und Ur-Ur-Ur-...Enkelin Jesu – zur Seite stehende bildschöne Audrey Tautou. Bei den Kritikern fiel der 125 Millionen Dollar teure Film bei der Premiere in Cannes im Mai 2006 zwar gnadenlos durch, doch bereits am ersten Wochenende spielte er 224 Millionen Dollar ein. Nahezu zeitgleich startete der Thriller in 90 Ländern und schaffte damit nach »Star Wars: Episode III« (253 Millionen Dollar) das zweitbeste Startwochenende aller Zeiten. Einige Propheten aus der Filmbranche wetten darauf, dass es der erfolgreichste Film aller Zeiten werden könnte.

Was ist so bemerkenswert an dem Mega-Bestseller, dass er nicht nur die Kinos erobert, sondern auch ernsthaft im Schulunterricht behandelt wird und weltweit im Zentrum einer neu aufbrechenden öffentlichen Diskussion um Jesus und die Bibel steht? Vordergründig geht es in *»Sakrileg«* um die Aufklärung eines Mordes. Der Symbolforscher Prof. Langdon ist auf einer Konferenz in Paris, als der Direktor des Louvre vor dem Gemälde der *Mona Lisa* ermordet aufgefunden wird. Langdon erkennt, dass der Tote durch versteckte Hinweise auf die Werke Leonardo da Vincis aufmerksam machen wollte – Hinweise, die auf eine finstere Verschwörung hindeuten. Die Polizei verdächtigt den Professor des Mordes, doch dieser beginnt mit eigenen Nachforschungen und wird dabei von Sophie Neveu, einer Kryptologin der Pariser Polizei, unterstützt, die sich später als Enkelin des Toten und – man höre und staune – Nachfahrin von Jesus herausstellt! Ihr Großvater sei ein führendes Mitglied der Geheimgesellschaft Priorat von Zion gewesen, die das letzte Geheimnis der Nachkommen Jesu hüte …

Auf Seite 342 platzt dann die Religionsbombe! Jesus war – so die These des Autors – nicht nur mit Maria Magdalena verheiratet, sondern hatte auch ein Kind mit ihr. Die Nachfahren Jesu sollen heute noch in Frankreich leben. Die katholische Kirche versuche mit aller Gewalt und allen Mitteln, dieses Geheimnis von Jesus zu hüten, denn wenn herauskäme, dass Jesus nur ein normal sterblicher Mensch war, dann würde die »katholische Kirche in die größte Krise ihrer zweitausendjährigen Geschichte stürzen«, so Brown (Brown, *Sakrileg*, S. 365). Weitere Behauptungen in dem Religionsthriller sind: Konstantin der Große habe »Tausende von Handschriften« im 4. Jahrhundert vernichten lassen, die von einem »sterblichen« Jesus berichtet hätten; in des Kaisers Auftrag sei die Bibel in den römischen Schreibstuben verfälscht worden. Per Abstimmung habe der Kaiser außerdem auf dem Konzil von Nicäa (325 n. Chr.) Jesus zum Sohn Gottes erklären lassen. Die Bibel der Christen sei pure Fiktion, eine plumpe konstantinische Fälschung, und die »Wahrheit« über Jesus würden nur jene religiösen Schriften enthalten, die wie durch eine List der Geschichte Konstantins Verfälschungs- und Vernichtungsaktion entgangen seien, so die weltberühmten Schriftrollen vom Toten Meer (sog. Qumranrollen) und die Funde von Nag Hammadi in Ägypten. Aus diesen Schriften aber käme man zu einer völlig neuen Sicht Jesu. Qumran – das ist seine »faktische Kernthese« – würde es gewissermaßen erlauben, Jesus aus der kirchlichen Vereinnahmung zu befreien.

Leonardo da Vinci habe gewusst, dass Jesus mit Maria Magdalena verheiratet gewesen sei, und in seinem bekannten Gemälde *Das Letzte Abendmahl* sei die Person an der Seite Jesu in Wirklichkeit nicht der Jünger Johannes, sondern eine Frau: Maria Magdalena. So habe Leonardo da Vinci dieses Geheimnis der Nachwelt »codiert« mitgeteilt (daher der Originaltitel »*The Da Vinci Code*«). Der Heilige Gral, in den mittelalterlichen Legenden der Kelch vom letzten Abendmahl, sei in Wahrheit eine Person, nämlich Maria Magdalena, der weibliche Schoß, der das Geblüt Christi getragen habe, also das königliche Blut Jesu. Sogar der Name der Tochter Jesu sei bekannt, sie soll Sarah (hebr. Fürstin) geheißen haben. (S. 349)

Viele sagen, dies ist ein Thriller, ist Belletristik, Fiktion, gut gemachte Erfindung mit Einsprengseln von Wirklichkeit, wie sie jeden spannenden Roman auszeichnen! Das muss man nicht ernst nehmen, sagt auch Stefan Lübbe, Katholik und Chef der auf Historienthriller spezialisierten Verlagsgruppe Bastei-Lübbe, in der *»Sakrileg«* erschienen ist. Er kann die Kritik an *»Sakrileg«* überhaupt nicht verstehen: »Es handelt sich um einen Roman, einen Schmöker. Es ist reine Fiktion, aber ungemein spannend und glaubwürdig«, so Lübbe (*Spiegel*, 21. 3. 2005). Der Autor Dan Brown allerdings widerspricht seinem deutschen Verleger. In einem Interview im amerikanischen Fernsehsender ABC wurde Dan Brown gefragt: »Dieses Buch ist ein Roman. Wenn Sie dasselbe nicht in Romanform geschrieben hätten, … hätte es dann anders ausgesehen?«

Dan Brown: »Ich denke nicht. Ich begann die Recherche für ›*The Da Vinci Code*‹ (›Sakrileg‹) als ein Skeptiker. Ich erwartete, als ich die Recherche betrieb, diese Theorie zu widerlegen (über Maria Magdalena und den Heiligen Gral). Nach mehreren Europareisen und zwei Jahren der Recherchearbeit wurde ich ein Gläubiger. Und es ist wichtig zu erinnern, dass dieser Roman über eine Theorie geht, die schon lange bekannt ist« (Good Morning America/ABC, 3. 11. 2003 und ebenso in Aspekte/ZDF, 5. 5. 2006). Zudem versichert Brown zu Beginn seines Thrillers unter der Überschrift *Fakten und Tatsachen*: »Sämtliche in dem

Roman erwähnten Werke der Kunst und Architektur und alle Dokumente sind wirklichkeits- bzw. wahrheitsgetreu wiedergegeben« (S. 9). Dan Brown reiht sich ein in ein neues Genre von Literatur, das die »Einsprengsel von Wirklichkeit« nicht mehr nur als beliebige Kulisse für eine Handlung verwendet, sondern fiktionale Handlung dazu benutzt, um das Skandalöse an einem Stück Wirklichkeit zu zeigen. Beispielsweise gibt es bestens recherchierte Romane über die Bedrohungen durch die Gentechnik, über die Ereignisse des 11.9., den Terrorismus oder die Atom-Mafia. Die eigentliche Handlung tritt hinter die Botschaft zurück. Hier wird geoutet! Hinter die Kulissen geblickt! Geheimes Wissen vorgetragen! Hier kann man (ohne Prozessrisiko) Ross und Reiter nennen! Gibt's Ärger, kann man ja immer sagen: Aber das ist doch nur ein Roman. Stärker, als es jedes *Sachbuch* kann, macht der souverän erzählte Roman betroffen, in dem der Autor »alles« sieht, auch das, was eine lückenlose Recherche nicht belegen könnte. Man müsste ein eigenes Wort für das Genre erfinden, vielleicht von *Realien-Roman* sprechen ...

So ist es Dan Brown selbst, der seine Leser auf die Fährte eines scheinbar perfekt recherchierten *Realien-Romans* lockt – zwei Jahre Lebenszeit will Dan Brown dafür aufgewendet und »Forschungsreisen« unternommen haben – und ihnen suggeriert, hier werde ihnen mehr geboten als spannender Lesespaß. Die Botschaft hat es wahrhaft in sich: die Kirche, ein üble Betrügerbande – die Bibel, eine grandiose Fälschung – Jesus, ein Normalo wie du und ich. Raunend trägt Brown es vor, im Stil einer vertraulichen Einweihung in die bisher von der Kirche streng gehüteten Geheimnisse über den wahren Jesus, im Gestus des »*Diese Wahrheit, Freunde, ist gefährlich – besser, man verpackt sie in einen Roman!*« Viele fragen: Stimmt das wirklich, was hier behauptet wird? Könnte es nicht doch der Wahrheit entsprechen? Ein Blick in die Internetforen bei www.dan-brown.de zeigt, wie enorm das Interesse ist:

Ich bin begeistert!!! In meinem Leben habe ich noch nie solche perfekten spannenden und extrem gut recherchierten Bücher gelesen, wie die des Dan Brown. Der Mann ist nur genial und wie er schreibt, versetzt einen in eine andere Welt!!! Danke...

Mein Mann hat mich überzeugt, das Buch »Sakrileg« zu lesen … Seit ein paar Tagen kann ich an nichts anderes denken … Es ist der Wahnsinn … bin sprachlos … Ich denke, jeder sollte es lesen, denn ich denke, es ist tatsächlich was daran… und: Hut ab! Dan Brown ist ein toller Schriftsteller!

Wenn das stimmt, was in diesem Buch steht, dann »Prost Mahlzeit« an die Kirche. Es wäre zu erwarten, dass sie Stellung dazu nimmt.

Ein sehr, sehr spannendes Buch! Habe es an einem Tag verschlungen!! Sehr fundierte Aussagen, die man jederzeit nachprüfen kann. Mein Denken hat sich grundlegend verändert! Danke, Mister Brown, ohne dieses Buch hätte ich mich wohl nie näher damit beschäftigt!! Lesen und dabei belassen ist nicht möglich, man will mehr wissen!!!!!!! und darüber sprechen!!! Ein großartiges Werk!!!

Eine Buchbesprechung bei www.amazon.de: *Spannende Lektüre! Die Gedanken, dass unser Glaube in seinen Festen erschüttert werden kann, durch Dokumente, die sich jahrhundertelang gut behütet unter uns befanden, erschreckte und faszinierte mich vom ersten Augenblick an. Dan Brown bringt die Leser dazu, wirklich über solche fiktiven??? Ereignisse nachzudenken. Wirklich Klasse.*

Man sollte Dan Brown also beim Wort nehmen und näher hinsehen! Manch eine Theorie ist zunächst kühn erschienen; später fand sie breite Zustimmung. Andere Annahmen sind zuerst *unwissenschaftlich* oder *unzureichend* vorgetragen worden. Später haben Wissenschaftler ihre (relative) Berechtigung erkannt. Könnte es uns nicht auch mit der Bibel, ihrer Überlieferung und Botschaft so ergehen?
Der Anspruch dieses Buches ist also: eine kritische Untersuchung zu bieten, ob die *Realien* an Dan Browns *Roman* nicht doch ein Stück verdrängte, verbotene, unter Verschluss gehaltene Wahrheit erschließen. Den Thesen von Dan Brown und seinen Gewährsleuten, wie dem Autorenduo Michael Baigent/Richard Leigh mit ihren Büchern *»Der Heilige Gral und seine Erben«, »Vermächtnis des Messias«, »Verschlusssache Jesus«, »Die Gottes-Macher«* wollen wir von wissenschaftlicher Seite aus nachgehen und sie kritisch überprüfen.
Ich freue mich sehr, dass der Textforscher Michael Welte ohne Zögern bereit war, als Co-Autor dieses Buches mitzuwirken.

Alexander Schick / Michael Welte

1. Der »Heilige Gral und seine Erben«

Die »wissenschaftlichen« Gewährsleute von Dan Brown

Dan Brown wird inner- und außerhalb des Romans nicht müde, »wissenschaftliche Quellen« zu bemühen. Das ist ein interessanter Ansatzpunkt. Beginnen wir damit, dass Brown behauptet, die These vom »königlichen Geblüt Christi ist in der Gelehrtenwelt ausgiebig und bis ins letzte Detail untersucht worden.« (S. 346) Auf seiner Webseite (www.danbrown.com/novels/davinci_code/resources.html – link *»Resources for Researchers«*) sowie in *»Sakrileg«* gibt er eine seiner Hauptquellen preis: »›Und hier der vielleicht bekannteste Titel‹, sagte Teabing, zog einen abgegriffenen Band aus dem Regal und reichte ihn Sophie. Auf dem Umschlag stand: DER HEILIGE GRAL UND SEINE ERBEN – Der internationale Bestseller. Sophie blickte auf. ›Ein internationaler Bestseller? Ich habe noch nie von diesem Buch gehört.‹ ›Sie haben das Glück zu jung dafür zu sein‹, sagte Teabing. ›Dieses Buch hat Anfang der Achtzigerjahre großes Aufsehen erregt … Ihnen gebührt das Verdienst, die Thematik der Dynastie Jesu Christi an eine breitere Öffentlichkeit getragen zu haben‹.« (S. 347)
Auch vielen Dan-Brown-Lesern wird es so ergangen sein wie Sophie. Sie hörten zum ersten Mal durch *»Sakrileg«* von diesem Buch, das sich in Deutschland in den 80er Jahren ca. 150 000-mal verkaufte. Im Gefolge der kostenlosen Werbung von Dan Brown gingen in den letzten Monaten allein bei uns noch einmal 750 000 Exemplare über die Ladentische. Weltweit verkauften sich Millionen. Aber auch bei den anderen Büchern der Autoren von *»Der Heilige Gral und seine Erben«* schnellten die Verkaufszahlen in die Höhe.
Die Autoren Henry Lincoln, Michael Baigent und Richard Leigh sind der Fachwelt in der Tat schon lange bekannt. Keiner der Autoren ist Historiker, geschweige denn Qumranspezialist oder Fachmann für antike Schriften, Kirchengeschichte oder mittelalterliche Geschichte. Als der *»Heilige Gral und seine Erben«* erschien, weigerten sich Wissenschaftler, auch nur eine Rezension zu schreiben. Die *Frankfurter All-*

gemeine Zeitung verriss das Buch in seiner Buchbesprechung (»Die schwierige Brautschau Jesu«, *FAZ*, 27.9.1984, S. 28), was seinen Verkauf offensichtlich nur ankurbelte. Der Folgebestseller des Autorentrios trug den Titel *»Das Vermächtnis des Messias«*. Hier erweiterten sie ihre These von der *Existenz einer heiligen Blutlinie* mit der Behauptung, dass die Qumranrollen Geheimbotschaften über Jesus enthalten würden und dass sich in Frankreich angebliche Ur-Ur-Ur-... Urenkel von Jesus in einer Art Geheimverschwörung auf die Übernahme der Weltherrschaft vorbereiten würden. In Sachen Qumran beriefen sie sich dabei immer wieder auf Robert Eisenman, der mit einigen Büchern in der Öffentlichkeit und in den Medien zwar auf Interesse stieß, aber von der »Community of Science« nur mit Missachtung gestraft wurde. Die Zusammenarbeit mit Eisenman führte Baigent/Leigh dann zu ihrem bis dahin erfolgreichsten Bestseller mit dem Titel *»Verschlusssache Jesus«*, dessen unwissenschaftliche Thesen trefflich von Prof. Betz und Riesner in ihrem Klassiker *»Jesus, Qumran und der Vatikan – Klarstellungen«* ein für alle Mal widerlegt wurden; wir werden uns damit eingehend im Kapitel 4 (S. 70ff.) auseinandersetzen. »Ziege gesucht – Schatz entdeckt«.
Der Tenor aller Bücher lautet: Kaiser Konstantin ließ die Bibel verfälschen und ältere Handschriften vernichten. Nur die Qumrantexte und die Nag-Hammadi-Funde würden den »wahren« Jesus präsentieren. Der Vatikan versuche daher dieses »brisante Material« zu einer *»Verschlusssache Jesus«* zu erklären. Nur eine kleine Gruppe würde das Geheimwissen um Jesu wahre Identität und seine angebliche Nachkommenschaft bewahren.
Der Vatikan hatte und hat mit diesen sensationellen Qumranfunden nichts zu tun, wie wir noch im Detail sehen werden. Als ich im Jahr 2002 in Mainz in den Studios vom ZDF mit der Regisseurin der Terra-X-Folge *»Brennpunkt Qumran – Die Schriftrollen vom Toten Meer«* zusammen saß, diskutierten wir, ob im Film auch die ausgelutschte These von der »Vatikanverschwörung« noch einmal intensiver behandelt werden müsste. Wir hatten damals den Eindruck, das Thema habe sich erledigt, es müsse sich doch inzwischen herumgesprochen haben, dass die Annahme einer *»Verschlusssache Jesus«* schon aufgrund

der Altersbestimmung der Qumranrollen unhaltbar ist (siehe S. 71 f.). Eine erneute Widerlegung in Terra-X sah die Regisseurin daher für überflüssig an. Wir sind einer totalen Fehleinschätzung erlegen! Wenige Wochen später wurde Browns Thriller veröffentlicht und seitdem erleben wir erneut eine weltweite Qumran-Hysterie.
Ich habe in den letzten Jahren Hunderte von Vorträgen über Qumran und die Ausgrabungsarbeiten gehalten und dabei Tausende von Zuhörern in Europa und in den USA erreicht. Immer und immer wieder diskutierten Besucher exzessiv mit mir über die angebliche Vatikanverschwörung. Einmal kam eine Dame zu mir; sie stellte sich als Akademikerin vor und meinte: »In ›*Verschlusssache Jesus*‹ wird Kardinal Ratzinger (der heutige Papst) beschuldigt, die Texte zu einer Geheimakte erklärt zu haben. Wenn Ratzinger seine Hände im Spiel hat, dann muss an der Behauptung was Wahres dran sein«, so die Frau. Meine Gegenargumente überzeugten sie nicht, und auch nicht der Verweis, dass die Zusammenstellung des Forscherteams in den 50er Jahren vorgenommen wurde, also lange bevor Kardinal Ratzinger Präfekt der päpstlichen Glaubenkongregation wurde. Ich bat die Dame, sie möge doch eine Woche später wiederkommen, da ich die Vortragsreihe in der Qumran- & Bibelausstellung zusammen mit Prof. Claus-Hunno Hunzinger, dem ersten deutschen Forscher aus dem legendären Schriftrollenteam, hielt. Das Interesse an seinem Vortrag war riesengroß. Der Saal war völlig überfüllt und sogar in den Korridoren standen die Besucher und lauschten über zwei Stunden dem brillanten Vortrag des Qumranwissenschaftlers. Anschließend bedankte sich die Dame bei mir. Sie war von den Qumranphantastereien endgültig geheilt.
In dem Vortrag hatte Prof. Hunzinger deutlich gemacht: »Man hat behauptet, dass der Vatikan im Hintergrund die Dinge bei der Arbeit des Schriftrollenteams gesteuert und den Daumen auf die Veröffentlichung dieser Texte gehalten hätte. Das ist eine böswillige Unterstellung! Das Team hat de facto Mitglieder verschiedener Gruppen umfasst. Drei waren katholische Theologen, ich selber bin evangelischer Theologe wie zwei meiner Kollegen aus England und Amerika auch, und ein siebter bezeichnete sich selbst als Agnostiker, war also

Der deutsche Qumranforscher Professor Dr. Claus-Hunno Hunzinger 1955 bei der Entzifferung einer Schriftrolle aus Papyrus.

kirchlich gar nicht gebunden. Der Vatikan hatte mit der Bearbeitung und Veröffentlichung der Qumrantexte niemals etwas zu tun gehabt. Er hatte überdies auch gar kein Interesse daran, die Veröffentlichung dieser Texte zu unterdrücken, denn die Schriftrollen vom Toten Meer gefährden keineswegs, wie man manchmal lesen kann, die Grundlagen des Christentums. Ganz im Gegenteil! Sie bieten eine große Hilfe, auf dem Hintergrund dieser jüdischen Literatur die Botschaft Jesu und die Verkündigung der ältesten Christenheit besser und deutlicher zu verstehen.« Prof. Hunzinger belegte dies dann mit einer Vielzahl von Dias aus seiner Forscherzeit. In unserem Buch *»Jesus und die Schriftrollen von Qumran«*, dann vor allem auch in *»Faszination Qumran«* sind die historischen Aufnahmen von Prof. Hunzinger veröffentlicht und seine Forschungen allgemein verständlich erklärt.

Als ich mit dem Qumranprofessor das Manuskript zu diesem Buch eingehend besprach, meinte er zu mir über *»Sakrileg«* und die Bücher von Baigent/Leigh: »Es ist alles grotesk, die simpelsten Fakten stimmen noch nicht mal. Es ist alles abseits jeglicher Realitäten.« Besonders problematisch sei gerade auch *»Sakrileg«*, denn: »Die Leute sind von einer solchen religiösen Ahnungslosigkeit, dass sie jeden Blödsinn glauben und auf den Leim gehen. Gegen Argumente kann man wissenschaftlich argumentieren, gegen pure Phantasien hat man nichts entgegenzusetzen, das ist wie der Kampf von Don Quichote gegen die Windmühlen.«

Trotz der wissenschaftlichen Entgegnung der Thesen Baigents und Leighs von Qumranforschern weltweit hat Brown diese Literatur ungehemmt in *»Sakrileg«* verarbeitet. Ja, er setzt den Autoren sogar ein Denkmal in seinem Roman.

So ist einer der Protagonisten in *»Sakrileg«* der Gralsforscher Leigh Teabing. Leigh = der Nachname von Richard Leigh, Teabing = ein Anagramm von Baigent. Dass Baigent/Leigh einen geradezu aufsehenerregenden Plagiatsprozess gegen Dan Brown geführt haben, verwundert den Leser vielleicht nun nicht mehr. (Vgl. Kapitel 2 »Lügenreporter contra Märchenerzähler«, S. 27–33)

War die Kreuzigung ein ausgemachter Schwindel?

In »*Der Heilige Gral und seine Erben*« behaupten Lincoln/Baigent/Leigh auf S. 318 ff., dass Jesus am Kreuz nicht gestorben sei, sondern sich in einem abgekarteten Spiel tot stellte, um dann noch rechtzeitig vom Kreuz abgenommen worden zu sein. In diesen »Schwindel« sei auch der römische Statthalter Pontius Pilatus eingeweiht gewesen, der Jesus zum Tode verurteilt hat. Der Beweis? Joseph von Arimathia erbittet laut Bibel den Leichnam Jesu von Pilatus und bekommt diesen auch zur Bestattung überlassen (Johannes 19,38). Lincoln/Baigent/Leigh spekulieren auf S. 321 f. munter: »Vor allem diese Tatsache lässt darauf schließen, dass Pontius Pilatus … in den Schwindel … verwickelt war. Denn das geltende römische Recht verweigerte Gekreuzigten die Bestattung. Es war sogar üblich, Wachtposten aufzustellen, die Verwandte und Freunde des Toten daran hindern sollten, ihn vom Kreuz abzunehmen. Gemeinhin blieb er einfach am Kreuz hängen – den Elementen ausgesetzt, den Aasgeiern zum Fraß. Im Fall Jesu aber begeht Pilatus eindeutig einen Rechtsbruch, indem er die ›Leiche‹ Joseph von Arimathia übergibt.«

Doch es ist genau das Gegenteil dessen wahr, was dem Leser als angeblich wissenschaftliche Fakten geboten wird. Fakt ist, dass diese Behauptungen archäologisch widerlegt sind!

Ein grausamer Fund

Als nach dem Sechstagekrieg (1967) umfangreiche Ausgrabungen in der Umgebung von Jerusalem durchgeführt wurden, machten die Archäologen in Giv'at Ha-Mivtar (nordöstlich von Jerusalem) einen grausamen Fund. Es wurden mehrere Gräber aus der herodianischen Zeit (1. Jh. n. Chr.) entdeckt. Einer der Knochensärge enthielt noch die Gebeine eines Mannes namens »Yohanan (Johannes) Ben-Hazkul«. Sein Name war auf dem Ossuar (kleiner Steinsarg für die Knochen) eingeritzt. Das Besondere: Dieser Mann war im Alter von ca. 25 Jahren etwa zur Zeit Jesu gekreuzigt worden. Woher man das wissen kann? Im rechten Fersenbein steckte noch der 11 cm lange Eisennagel. Beim Anschlagen an das Kreuz hatte sich der Nagel so

Links: *In dieser Gebeinkiste (Ossuar) mit der Aufschrift »Yohanan Ben-Hazkul« wurde das Fersenbein eines Gekreuzigten entdeckt.* Rechts: *Fersenbein des Gekreuzigten mit dem noch erhaltenen Kreuzesnagel. Einziger archäologischer Beleg für die grausame Todesstrafe.*

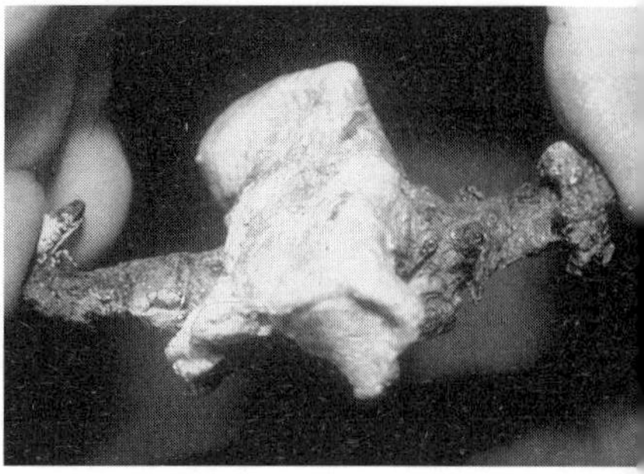

verbogen, dass er bei der Abnahme des Körpers vom Kreuz nicht mehr entfernt werden konnte.
Dieser Fund ist die erste archäologische Bestätigung für die in Johannes 20,25–27 vorausgesetzte Annagelung an das Kreuz. Zugleich belegt er aber auch, dass Gekreuzigten, also (wirklichen oder vermeintlichen) Verbrechern, durchaus eine würdevolle Bestattung erlaubt wurde. Sogar der Name des Gekreuzigten wurde auf dem Steinsarg noch vermerkt. Dies taten aber nur nahe Angehörige. Wir sehen: Diese These von Lincoln/Baigent/Leigh, den »wissenschaftlichen« Gewährsleuten von Dan Brown, zerplatzt wie eine Seifenblase bei der Konfrontation mit der historischen Wirklichkeit.

Ein Rabbi muss verheiratet sein!
Muss ein Rabbi verheiratet sein?

Eine der zentralen Thesen von Brown lautet: »Die Ehe zwischen Jesus und Maria ist historisch verbürgt ... es ist weitaus sinnvoller anzunehmen, dass Jesus ein verheirateter Mann gewesen ist, als der üblichen Aussage des Neuen Testaments zu folgen, die ihn als Junggesellen hinstellt.« (S. 336)
Der Roman-Gelehrte Langdon erklärt: »Nach den Anstandsregeln der damaligen Zeit war es einem jüdischen Mann praktisch verboten, unverheiratet zu bleiben ... Ein Mann *musste* eine Frau ehelichen, die ihm einen Sohn gebar. Wäre Jesus unverheiratet gewesen, hätte das in mindestens einem der vier Evangelien erwähnt und sein unnatürliches Junggesellentum irgendwie erklärt werden müssen.« (S. 337)
Die Quelle von Brown ist erneut *»Der Heilige Gral und seine Erben«*. Im Gralsbuch wird der Leser unter der Überschrift *»Der Familienstand Jesu«* von Lincoln/Baigent/Leigh belehrt, dass man im Neuen Testament auf diese Frage keine eindeutige positive Antwort finden könne; es aber andererseits auch keine ausdrückliche Bestätigung des Gegenteils gebe (S. 298 ff.). Diese Tatsache sei »erstaunlicher und aufschlussreicher, als es zunächst den Anschein hat«, so das Autoren-Trio mit Berufung auf den weltweit bekannten jüdischen Qumran-

forscher Geza Vermes von der renommierten Eliteuniversität Oxford. Vermes wird zitiert mit: »Die Evangelien lassen absolut nichts über den Familienstand Jesu verlauten … Das ist eine im antiken Judentum so ungewöhnliche Erscheinung, dass sie weitere Untersuchungen rechtfertigt.« (S. 298) Das lassen sich die Grals-Autoren nicht zweimal sagen! Lincoln/Baigent/Leigh: »Insbesondere waren wir auf der Suche nach Textstellen [in den Evangelien], die als Beleg für eine Ehe zwischen Jesus und Maria Magdalena gelten konnten. Dass das nirgendwo klar ersichtlich geschrieben stand, war uns von vorneherein bewusst. Wir mussten also *zwischen den Zeilen lesen*, Lücken schließen und Erklärungen für gewisse Auslassungen … sowie Anspielungen finden.« (S. 298) Sie wurden natürlich schnell fündig, denn wer »zwischen den Zeilen« liest, kann mühelos die wildesten Thesen in den Bibeltext hineininterpretieren.

In Matthäus 19,5 sagt Jesus: »Darum wird der Mann Vater und Mutter verlassen und sich an seine Frau binden, und die zwei werden ein Fleisch sein.« Wenn Jesus kein Zölibat predigte, warum sollte er es dann selber gelebt haben?, fragen Lincoln/Baigent/Leigh. Das Fazit ihrer »Untersuchung« im *»Heiligen Gral«* lautet dann: »Nach jüdischem Brauch war es zu jener Zeit für einen jungen Mann nicht nur üblich, sondern geradezu obligatorisch, dass er heiratete … Ein Leben als Junggeselle hätte Jesus weitgehend … isoliert. Hätte in diesem Fall nicht wenigstens einer der Evangelisten ein so eklatant abweichendes Verhalten von allgemein gültigen Normen erwähnen müssen? Da sich ein Hinweis darauf [in den Evangelien] jedoch nirgendwo finden lässt, betrachten wir dies als Indiz dafür, dass Jesus den damals herrschenden Konventionen genügte und verheiratet war.« (S. 299)

Sakrileg-Lesern wird die enorme Ähnlichkeit in der Argumentation, ja die *nahezu identische* Wortwahl, auffallen. Wohl kaum ein Leser von *»Sakrileg«* oder dem Gralsbuch hat sich die Mühe gemacht, wegen dieser »historisch verbürgten« Tatsache weiter nachzuforschen, zumal doch sogar ein Qumranforscher wie Prof. Vermes – dazu noch einer, der in Oxford lehrt – das anscheinend behauptet hat …

Dabei lohnt sich ein Blick in das Buch *»Jesus der Jude«* von Geza Vermes sehr. Auf den Seiten 85–88 steht ein Exkurs über die *»Prophe-*

tische Ehelosigkeit«, aus dem die Grals-Autoren ihr Vermes-Zitat aus dem Zusammenhang gerissen haben. Vermes geht nämlich alle relevanten Quellen des Judentums durch und zeigt auf, dass es eine *Unvereinbarkeit von Prophetie und Ehe* gab. D. h., ein prophetisch wirkender Jude sollte im antiken Judentum enthaltsam leben, um seine göttliche Sendung erfüllen zu können. Auch in Jesus sieht Prof. Vermes einen prophetisch erfüllten jüdischen Lehrer. Das Fazit von Vermes: »Vor dem Hintergrund der jüdischen Meinung des ersten Jahrhunderts, dass prophetische Sendung unter anderem ein Leben der Enthaltsamkeit einschloss, wird Jesu offenbar freiwilliges Zölibat, jedenfalls von dem Zeitpunkt an, als er den Heiligen Geist empfing [und seine Lehrtätigkeit begann], historisch einsichtig …« (Vermes, *Jesus der Jude,* S. 87)

Halten wir fest: Für Vermes hat Jesus ein »offenbar freiwilliges Zölibat« als prophetischer Lehrer gelebt, da eine »prophetische Sendung ein Leben der Enthaltsamkeit« logisch nach sich zog. Aber dies ist doch nun etwas völlig anderes als das Urteil der Pseudohistoriker Lincoln/Baigent/Leigh, das Brown unkritisch übernimmt und seinen Lesern »als historisch verbürgt« präsentiert! Es ist sogar das totale Gegenteil! Ein Blick in die Internetforen zeigt die fatalen Folgen dieser subtilen Masche. Auf unzähligen Seiten kann man mit Berufung auf Dan Brown lesen: »Jesus war mit Maria verheiratet, die Ehe ist historisch verbürgt!« Doch auch Mythen werden nicht wahrer durch ihre endlose Verbreitung im Internet. Im Übrigen möchte ich auf die wichtigen Belege verweisen, die Michael Welte in seinem Kapitel (S. 148 ff.) präsentiert. Auch er kann belegen, dass die These einer Ehe Jesu – gerade im Kontext des antiken Judentums – einfach nicht stimmt!

»Die Gottes-Macher« – widerlegte Thesen neu aufgewärmt!

Kurz vor Abschluss dieses Manuskripts erschien das neue Buch von Michael Baigent mit dem provokanten Titel *»Die Gottes-Macher – Die Wahrheit über Jesus von Nazareth und das geheime Erbe der Kirche«*. Die Werbung ist wie immer vollmundig. Für das Christentum und die Kirche »steht viel auf dem Spiel!«, so der Klappentext. Das erinnert an *»Verschlusssache Jesus«*, wo auf dem Umschlag bei der Originalausgabe auch schon behauptet wurde: »Neue Entdeckungen sind zu erwarten, die die römische Kirche erschüttern werden.« Nur, *»Die Gottes-Macher«* ist nichts anderes als ein lauwarmes, rasch auf den Markt geworfenes Remix der vorherigen Bestseller. Ein Blick in die Literaturliste zeigt, dass kein einziges wissenschaftliches Qumranbuch aufgelistet wird, das die Thesen der Autoren nicht schon längst ad absurdum geführt hat. Aber dies war ja nicht anders zu erwarten!

Was der renomierte Qumranforscher Professor Stegemann über *»Verschlusssache Jesus«* schrieb, gilt bei dem Fortsetzungsbuch mit den alten aufgewärmten und schon lange widerlegten Thesen ebenso. Stegemann: »Das Leserpublikum ist solchen Dilettanten schutzlos ausgeliefert. Wie soll man wissen können, dass das Gegenteil dessen richtig ist, was hier behauptet worden ist? Vermutlich … sind [sie] Opfer ihrer eigenen Inkompetenz geworden, die freilich durch nichts zu entschuldigen ist.« (Stegemann, *Die Essener*, S. 31)

In *»Die Gottes-Macher«* erweckt Baigent nicht zuletzt durch die abgedruckten Bilder den Anschein, als wenn er an archäologischen Ausgrabungen in Qumran beteiligt (gewesen) sei. Er war lediglich 1992 dabei, als James Tabor und Robert Eisenman gestattet wurde, mit einem Bodenradar die Oberfläche von Qumran zu untersuchen. Den Bericht von Baigent/Eisenman veröffentlichte keines der wissenschaftlichen Journale, sondern die kleine polnische Zeitschrift *Qumran Chronicle*. Der für das Areal zuständige Distriktarchäologe der Israelischen Antikenverwaltung war mehr als überrascht, als ich ihm von Baigents »archäologischen« Ausführungen am Telefon berichtete. Die nächste von der Israelischen Antikenbehörde genehmigte Ausgrabung auf dem vorderen Qumranplateau findet im Sommer 2006 unter Leitung des amerikanischen Archäologen Dr. Randall Price zusammen mit Professor Oren Gutfeld von der Hebräischen Universität statt. Ehrenamtliche Grabungshelfer sind willkommen. Allerdings wird man im Grabungsteam M. Baigent oder R. Eisenman vergeblich suchen. Der Kommentar des Grabungsdirektors Dr. Price über deren Thesen: »Sie sind widerlegt.« (Price, *Secret of the Dead Sea Scrolls*, S. 55)

Ebenso wenig schmeichelhaft äußert sich Professor Joseph A. Fitzmyer, der sowohl in *»Verschlusssache Jesus«* wie auch in *»Die Gottes-Macher«* mehrmals zitiert wird: »Das Buch von Baigent und Leigh ist eine bunte Mischung … aus vielen Fehlern, Fehlinterpretationen und ungerechtfertigten Behauptungen. Die ganze Idee, dass der Vatikan sich verschworen habe, die Schriftrollen zurückzuhalten, ist lächerlicher Unsinn.« (Fitzmyer, *Qumran: Die Antwort*, S. 253)

Baigent beruft sich weiter auf Dr. Magen Broshi, den langjährigen Direktor des Schreins des Buches in Jerusalem, in dem die Qumranrollen ausgestellt sind, und erweckt bei dem Leser den Eindruck, als wenn der weltbekannte Wissenschaftler Magen Broshi »Interesse« an »seinen Forschungen« habe. Baigent wörtlich: »Broshi … teilte mir mit, dass unzweifelhaft noch weitere Rollen … existierten. Ich hatte einmal sein Interesse erregt, als ich mit ihm über die Schriftrolle sprach, die … dem CIA-Stationschef in Damaskus angeboten worden war. Damals schlug mir Broshi ein faszinierendes Arrangement vor: ›Wenn Sie darüber Informationen erhalten, tausche ich mit Ihnen …‹ Er stoppte und suchte nach einer exakten Formulierung. ›… dann lasse ich Ihnen dafür zusätzliche Einzelheiten über fehlende Schriftrollen zukommen.‹« *(»Die Gottes-Macher«*, S. 302) Da ich schon viele Jahre Magen Broshi kenne, griff ich zum Telefon, um seine Version der Geschichte zu hören. Als ich ihm den entsprechenden Abschnitt aus dem Buch vorlas, musste er lachen und wurde dabei fast zornig. Nur zu gut konnte er sich an Baigent erinnern, der im Mai 1990 in sein Büro kam und sich als »Journalist« vorstellte, der mit ihm ein Interview über die Qumranrollen führen wollte. Von einem Buchprojekt oder gar eigenen »Qumranstudien« hatte Baigent nichts erwähnt. Broshi fand sich dann überraschenderweise im Buch *»Verschlusssache Jesus«* und jetzt in *»Die Gottes-Macher«* wieder. Broshi schrieb mir in einer E-Mail dazu am 2. 4. 2006 in seiner Gentlemanart: »Ich befürchte, Mr. Baigent zitiert mich unrichtig. Dies ist, ich bedaure dies sagen zu müssen, nicht die erste oder letzte Unrichtigkeit in seinen Schriften.«

Oft fällt der Name von Kando in *»Die Gottes-Macher«* und *»Verschlusssache Jesus«*. Kando war der berühmte Mittelsmann der Beduinen, der die Schriftrollen in den 50er Jahren an das Rockefeller-Museum verkaufte. Der Kandoclan ist heute mehr als vermögend. Er besitzt in Bethlehem u. a. eine Tankstelle, Geschäfte (darunter den wohl größten Laden für Antiquitäten, Schmuck und Olivenholzschnitzereien); einen weiteren Souvenirladen hat er in Jerusalem, und demnächst will er ein großes Einkaufszentrum errichten. Dass der Grundstock zu ihrem Vermögen durch den Rollenhandel ihres Vaters gelegt wurde, bestreitet keiner der noch lebenden Söhne. Bei arabischem Tee klagten mir die Kandobrüder mehrmals ihr Leid über die vielen falschen Berichte, die sie über ihren Vater immer wieder in den sensationellen Qumranbüchern lesen müssten.

Kando aus Bethlehem (links) verdiente ein Vermögen mit dem Verkauf der Schriftrollen vom Toten Meer.

Im Kapitel *»Die Jesus-Papiere«* (*»Die Gottes-Macher«*, S. 288 ff.) beschreibt Baigent einen geheimnisvollen Sammler, der ihm höchstbrisante Dokumente über das Christentum präsentiert habe. Als er ihn als einen Freund von Kando beschreibt, war mir sofort klar, wer jener mysteriöse Sammler ist. Es ist ein in den Fachkreisen sehr bekannter und berühmter israelischer Sammler, der zwischen London, Monte Carlo, St. Moritz und Tel Aviv hin und her pendelt. Seine Wohnungen sind mit antiken Fundstücken besser ausgestattet als so manches Museum. Wissenschaftler geben sich bei ihm die Klinke in die Hand, um seine seltenen und kostbaren antiken Stücke zu studieren. Erst im Frühjahr 2006 war ich bei dem Sammler in seine riesige Privatsuite in einem Hotel nördlich von Tel Aviv mit einem traumhaften Blick über das Mittelmeer eingeladen. Als ich den Sammler anrief und fragte, ob er *»Die Gottes-Macher« (»Jesus Papers«)* kennen würde, lachte er herzhaft auf und meinte: »Ja, Baigent kenne ich, er hat mir das Buch gegeben und signiert.« Ich fragte weiter: »Und was halten Sie von seinen Theorien über Jesus, der zweimal in Ägypten gewesen sein soll?« Seine lachende Antwort: »Rubbish!« (Blödsinn).

In dem letzten Kapitel *»Kulturschacher«* (S. 297 ff.) wickelt Baigent seine Leser mit abenteuerlichen Geschichten ein, wie er durch Kontakte zu Geheimdiensten von weiteren Schriftrollen gehört haben will, die sich in Privatbesitz befänden. Dramatisch schildert er, wie er versucht, Geld aufzutreiben, um diese Funde anzukaufen …

Dazu ist anzumerken: Wenn es sich dabei um Funde aus Israel handelt, macht er sich mit einem Ankauf strafbar, denn nach dem Antikengesetz müssen alle Funde aus der Zeit ab 1973 bei der Israelischen Antikenbehörde abgeliefert werden, da sie Staatseigentum sind; sie dürfen nicht von Privatleuten angekauft werden.

Ja, es gibt Schriftrollen in den Händen von Privatleuten! Damit erzählt Baigent nichts Neues; nur – er ist sehr schlecht informiert. Die größte Kollektion besitzt der norwegische Millionär Martin Schøyen, er konnte sie vor einigen Jahren ankaufen. Es handelt sich dabei um Funde aus den 50er Jahren. Es sind 58 Fragmente von 12 verschiedenen Rollen. Diese Funde wurden von Wissenschaftlern untersucht und sind im Internet mit Fotos zugänglich *(www.nb.no/baser/schoyen/5/5.9/index.html#2861).*

Eine weitere Sammlung von Qumranfragmenten besitzt ein amerikanischer Sammler, der sie mit der Ausstellung *»From the Dead Sea Scrolls to the Bible in America«* durch die USA reisen lässt *(www.deadseascrollstoamerica.com).*

Es gibt noch weitere Schriftrollenfragmente, vor allem aus Höhle 11 (entdeckt 1956), die seit Jahren zum Kauf angeboten werden. Aber ich muss Baigent enttäuschen – darunter befinden sich keine Geheiminformationen über Jesus! Es sind Bibeltexte aus dem Alten Testament, u. a. ein handtellergroßes Teilstück von der Levitikusrolle (*11Q1PaleoLev/Levitikus = 3. Mose*). Die Texte wurden einem der füh-

Autor Alexander Schick vor der 11. Qumranhöhle, die 1956 entdeckt worden ist. In dieser Höhle fand man u. a. eine gut erhaltene Psalmenrolle sowie die sog. Tempelrolle, die einen Neubau des Tempels in Jerusalem beschreibt.

renden Qumranforscher zum Studium zur Verfügung gestellt. Ein Text wurde davon publiziert. Der Veröffentlichung der restlichen Fragmente stimmen die Besitzer aber nicht zu; der Preis würde fallen, wenn die Texte bereits alle ediert sind. Für die Fragmente wollen die Besitzer die stattliche Summe von über 1 Million Dollar haben. Die Israelische Antikenverwaltung versucht seit Jahren alles, um den Antiquitätenmarkt besser zu überwachen, den Schwarzmarkt auszutrocknen und Funde aus illegalen Grabungen zu konfiszieren. Aber seitdem der Gazastreifen und das Westjordanland unter palästinensischer Autonomie stehen, sind der Antikenbehörde die Hände gebunden, und der Schwarzmarkt floriert hier im großen Stil. Dies darf aber unter keinen Umständen durch Ankäufe von Privatpersonen unterstützt werden!

Spalte VI aus der berühmten grossen Jesajarolle vom Toten Meer. Der Text enthält auf Hebräisch Jesaja 6,7–7,15. Hebräisch wird von rechts nach links gelesen. Die Abschrift stammt aus dem frühen 2. Jh. vor (!) Chr. Entdeckt wurde diese antike Schriftrolle 1947 von einem Beduinen in einer Höhle unweit des Toten Meeres in der Nähe der antiken Siedlung Qumran.

Dass ein so renommiertes Blatt wie *Die Welt* eine relativ positive Buchvorstellung zu *»Die Gottes-Macher«* veröffentlichte und von dem »Historiker Baigent« sprach, ist sehr verwunderlich (*Die Welt* vom 1. 4. 2006, S. 25).

Um der enormen Bedeutung der Qumranfunde willen darf man das Feld nicht Autoren wie Michael Baigent, Richard Leigh oder Dan Brown überlassen; man muss die Öffentlichkeit in aller Deutlichkeit vor solcher »Science-Fiction«-Literatur warnen. Hier werden Legenden und Mythen der schlimmsten Art erfunden, die einer Überprüfung nicht standhalten. Das haben die einzigartigen Funde vom Toten Meer in keiner Weise verdient. Sie sind die größte archäologische Sensation unserer Zeit und verdienen eine sach- und fachgerechte Beurteilung. Wir werden die Funde und ihre abenteuerliche Entdeckungsgeschichte daher ausführlich in Kap. 4 (S.45–80) betrachten.

2. Lügenreporter contra Märchenerzähler

Kleiner Exkurs zu einem Gerichtsprozess über die Quellenlage
VON GERHARD BEKMANN

Ein absurdes Schauspiel: Am High Court geht es um das Eigentum an historischen Wahrheiten, die erwiesenermaßen frei erfunden sind. Gut gestohlen ist besser als schlecht erfunden. Die Literatur wird von Plagiatsvorwürfen begleitet, solange mit Büchern Ruhm und Geld erwirtschaftet wird. So hätte es wundersam angemutet, wenn der aufsehenerregendste Roman der letzten Jahre – zudem mit rund 36 (aktuell: ca. 60 Millionen, d. Hg.) Millionen weltweit verkauften Exemplaren der Rekordbestseller aller Zeiten – ungeschoren davongekommen wäre: Dan Browns *»The Da Vinci Code«* (auf Deutsch *»Sakrileg«*). Und das umso mehr, als der Roman mit Tom Hanks, Audrey Tatou und Sir Ian McKellen in den Hauptrollen verfilmt und Mitte Mai auf den Filmfestspielen von Cannes uraufgeführt wird. Eine erste Plagiatsklage ist vor zwei Monaten in New York verhandelt worden: Der Schriftsteller Lewis Perdue war der einfältigen Meinung, nur weil in einem seiner Romane auch Leonardo da Vinci im Mittelpunkt stand, müsse Dan Brown ihn abgekupfert haben und nun 150 Millionen Dollar Schadenersatz zahlen. Natürlich hat Perdue verloren. Ein zweiter Prozess, der zurzeit in London am High Court läuft, ist gewichtiger. Hier geht es um Grundsätzliches. Hätten die Kläger Recht, würden literarische Praktiken und Freiheiten, die selbstverständlich sind, infrage gestellt.

So einfach stehen die Dinge indessen nicht. Die Autoren Michael Baigent und Richard Leigh haben behauptet, dass ihr angeblich ausgeschlachtetes Sachbuch *»Der Heilige Gral und seine Erben«* auf »wissenschaftlichen Recherchen« beruht. Da Forschungsergebnisse selbstverständlich frei verfügbar sind und keinen Urheberrechtsschutz genießen, haben die Verfasser eine raffinierte weiterführende Argumentationslinie konstruiert: Dan Brown habe »die Architektur« – den Bauplan, den Grundriss, die Statik, die Struktur – ihres Buches als

Blaupause für seinen Roman genutzt. Und für diese »Architektur« machen sie nun Eigentumsrechte geltend.
Mit ihrer aus der Not geborenen Konstruktion geben die Sachbuchautoren zu erkennen, dass sie es mit den Geschichtswissenschaften so genau gar nicht nehmen. Sie haben sich mit der Inanspruchnahme des Copyrights, das nur für fiktionale, rein literarische Originalität gilt, verraten und quasi eingestanden, dass die Aussagen, Geschichten und »Beweise« ihres so genannten Sachbuches frei erfunden sind.

Geheimnis des Grals

Es kommt noch schlimmer: Weil Dan Brown seinerseits wider besseres Wissen expressis verbis versichert hat – daraus erklären sich überhaupt erst die gespenstischen religiösen Auswirkungen des Romans –, die in *»The Da Vinci Code«* dargestellten historischen Dokumente und Rituale einer Geheimgesellschaft entsprächen korrekt historischen Tatsachen und beruhten insbesondere auf »Pergamenten« der »Dossiers Secrets«, die 1975 in der französischen Bibliothèque Nationale entdeckt worden seien, besteht auch die »Wahrheit« Dan Browns aus nichts als haarsträubenden Lügen. Es wäre der Stoff für eine Slapstick-Komödie: Zwei Lügenreporter verklagen einen Märchenerzähler wegen geistigen Diebstahls.
Die Botschaft, die *»Der Heilige Gral und seine Erben«* formulierte und die auch durch Dan Browns Roman verbreitet wird, lässt sich etwa so zusammenfassen: Ein frauen- und lebensfreundliches – moderat feministisches – Urchristentum ist von der asketisch sinnenfeindlichen Patriarchatskirche Peters und Pauls verfolgt, seine Wahrheit gnadenlos unterdrückt worden. Die zentrale apostolische Figur dieses Urchristentums war Maria Magdalena, eine Prinzessin aus dem israelischen Stamm Benjamin, die mit Jesus aus dem königlichen Hause David verheiratet war und mit ihm eine Tochter hatte. Maria Magdalena floh schließlich nach Marseille. Über ihre Tochter setzte sich die Jesus-Magdalena-Linie im salisch-fränkischen Herrschergeschlecht der Merowinger fort, dem der Karolinger Pippin der Kurze 751

mit der Ermordung Dagoberts II. den Garaus zu machen gedachte. Die Merowinger lebten und leben jedoch inkognito fort, unter dem Schutz des Geheimordens Prieuré de Sion, dessen illustre Großmeister – Männer wie Leonardo da Vinci, Isaac Newton, Nicolas Poussin oder Jean Cocteau – außerdem die wahre Lehre und das Geheimnis des Heiligen Grals hüten. Der Heilige Gral aber ist – im Unterschied zur bekannten traditionellen Auffassung – kein heiliger Reliquienkelch, sondern Symbol des Mutterleibes von Maria Magdalena, der das Lebensblut Christi weitertrug. Eines Tages wird dieses Königtum in Frankreich und in Europa wieder an die Macht kommen …

Solche Behauptungen sind entstanden auf dem Hintergrund unzähliger teils widersprüchlicher, teils unklarer Legenden aus späteren Jahrhunderten, wie sie sich im Umkreis des König-Artus-Sagenkreises und in der Provence beispielsweise um Maria Magdalena rankten, die dort seit dem 3. oder 4. Jahrhundert besonders verehrt wird und begraben sein soll. Dass diese Maria Jesus in herausgehobener Weise nahe stand, bezeugt das Evangelium des Johannes, in dem der auferstandene Christus zuerst ihr begegnet und sie beauftragt, den Jüngern seine Auferstehung zu verkünden.

Das apokryphe Philippus-Evangelium (3.–5. Jahrhundert) erwähnt eine starke sinnliche Beziehung zwischen beiden. In keiner historischen Quelle aber wird von einer Ehe Jesu mit Maria Magdalena gesprochen. Diesbezüglich sind abenteuerliche Vermutungen ohne jeden geschichtlichen Bezug erst in der zweiten Hälfte des 20. Jahrhunderts aufgekommen. Ebenso wenig ist historisch eine Prieuré de Sion oder irgendein Orden gleichen Namens bekannt. Und in den Biografien seiner von Baigent und Leigh gelisteten Großmeister, deren Leben zum Teil gründlichst erforscht worden ist, finden sich keinerlei Indizien einer solchen Zugehörigkeit. Die Gralsvorstellungen gehen wahrscheinlich auf heidnisch-keltische Legenden zurück, die in Bezug auf die Eucharistie – daher der Kelch – christianisiert wurden. Für die Baigent-Leigh-Brown-Variante existiert keine einzige geschichtliche Quelle, abgesehen von einer offenkundig falschen Etymologie im »Morte d'Arthur«, der klassischen englischen Fassung des Artus-Stoffes aus dem Spätmittelalter.

Nun wird bei Nachfragen zu dergleichen Dingen stets gern erwidert, in den bekannten, offiziellen Quellen seien selbstverständlich kaum Belege zu finden; schließlich gehe es um geheime Gesellschaften und Lehren. Daraus ergibt sich freilich die zwingende Frage, woher denn Michael Baigent, Richard Leigh und Dan Brown ihr Wissen bezogen haben wollen. Und das ist eine spannende Geschichte.

Sie beginnt mit drei Fernseh-Dokumentarfilmen des britischen Schauspielers und Regisseurs Henry Lincoln. Die Filme stützten sich zum Teil auf den französischen Bestseller *»L'Or de Rennes«* von Gèrard de Sède, der endlich das Rätsel um den sagenhaften Reichtum des Priesters Bérenger Saunière (1852–1917) und seiner Dorfkirche von Rennes-le-Chateau im Languedoc zu erklären wusste: Es handele sich um den Schatz des Geheimordens Prieuré de Sion, der während des Ersten Kreuzzugs durch Gottfried von Bouillon, den König von Jerusalem, im Heiligen Land gegründet worden sei. Aus Rennes-le-Chateau kamen dann auch die von Dan Brown eigens erwähnten »Pergamente« der Bibliothèque Nationale und vieles mehr.

Die Sache begann sich auszuwachsen. Da zeichnete sich schon eine Verballhornung der Geschichte und Wahrheit des Christentums ab. Da bahnte sich möglicherweise die Restitution der französischen Monarchie, ja eines Heiligen Europäischen Reiches mit dem Abkommen des ältesten germanischen Königsgeschlechts an. Also holte Henry Lincoln den Psychologen Michael Baigent und den Romancier Richard Leigh für ein großes Buch über diese Sensation ins Boot und machte sie mit seinen Gewährsmännern de Sède, Pierre Plantard und dem Marquis Philippe de Cherisey in Frankreich bekannt. So entstand *»Der Heilige Gral und seine Erben«*. Und dabei saß das britische Trio den Schwindeleien des französischen Trios auf.

Priester auf Abwegen

In Rennes-le-Chateau gab es keine geheimen Schätze. Der geschäftstüchtige Priester Bérenger Saunière hatte sich durch europaweit erbettelte Spenden für Seelenmessen von Angehörigen ein Vermögen erwirtschaftet, mittels der nach kanonischem wie französischem Recht verbotenen Praxis des Massengedenkens – etwa fünftausend pro Jahr. Seine Haushaltsbücher sind ebenso erhalten wie die Unterlagen des von seinem Bischof gegen ihn geführten Prozesses. Es gab in Rennes-le-Chateau auch keine »Pergamente« und Dokumente zum Geheimorden. Bei denen handelte es sich um Fälschungen, die Plantard mithilfe de Cheriseys produzierte – so wie die beiden auch die von de Sède publizierten Geschichten über Saunière erfunden hatten. Die Sache flog bereits 1967 auf. Plantard und de Cherisey erklärten die »Pergamente« für von ihnen produzierten Schwindel, als de Sède sich weigerte, die Buchhonorare, wie vertraglich vereinbart, mit ihnen zu teilen.

Geflunkert war auch die Liste mit den Großmeistern des Prieuré. Sie war mehr oder weniger eine Abschrift der Aufstellung berühmter historischer Persönlichkeiten von der Organisation Amorc. Es sollte noch schlimmer kommen. 1984 wurde Plantard von dem Historiker Jean-Luc Aumeil mit seiner dubiosen Vergangenheit konfrontiert, bald darauf vom Richter Thierry Jean-Pierre scharf verhört. Plantard hatte den horrenden Fehler begangen, auf einer korrigierten Prieuré-Liste – neben Otto von Habsburg! – auch den Mitterrand-Freund Roger Patrice Pelat unter den

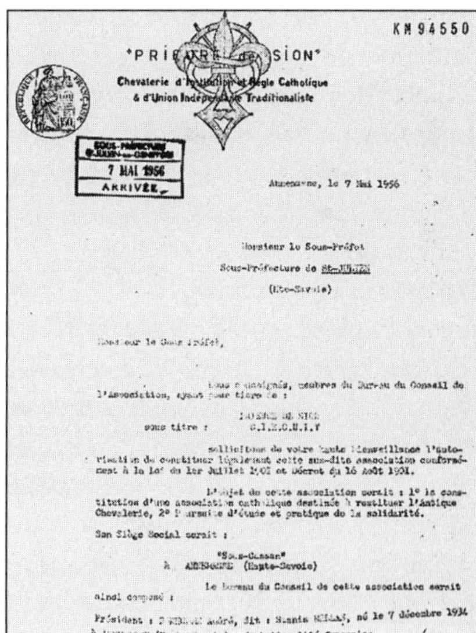

KN 94550

"PRI[illegible] SION"

Chevalerie d'[illegible] Règle Catholique
& d'Union Indép[illegible] Traditionaliste

7 MAI 1956
ARRIVÉE

[illegible], le 7 Mai 1956

Monsieur le Sous-Préfet
Sous-Préfecture de [illegible]
([illegible])

[illegible],

[illegible] soussignés, membres du Bureau du Conseil de l'Association, ayant pour titre [illegible] :

[illegible]
sous titre : C.I.R.C.U.I.T

sollicitons de votre haute bienveillance l'autorisation de constituer légalement cette sus-dite association conformément à la Loi du 1er Juillet 1901 et Décret du 16 Août 1901.

L'objet de cette association serait : 1° la constitution d'une association catholique destinée à restituer l'Antique Chevalerie, 2° Poursuite d'étude et pratique de la solidarité.

Son Siège Social serait :

"[illegible]"
à [illegible] (Haute-Savoie)

Le Bureau du Conseil de cette association serait ainsi composé :

Président : [illegible] André, dit : [illegible], né le 7 décembre 1934 à [illegible] (Haute-Savoie) – de nationalité française, .../

Die offizielle Eintragungsurkunde des »Prieur de Sion« von 1956. Die Behauptung, dass der Orden der Bruderschaft von Sion aus dem Mittelalter stammen würde, ist unwahr. Ebenso sind die »Dossiers Secrets« eine Fälschung.

Großmeistern aufzuführen, der sich in einem Finanzskandal zu verantworten hatte.
Plantard hatte den Prieuré de Sion 1956 selbst gegründet, als Verein zur Förderung billiger Wohnungen und nach dem Mont Sion in der Nähe seines damaligen Wohnorts Annemasse im Haute Savoie so genannt. Er hatte den Club 1960 als »Geheimorden« wiederaufleben lassen, um sich als direkten Nachkommen des letzten Merowingerkönigs Dagobert II. zu positionieren. Er war es auch gewesen, der die Merowinger genealogisch auf Maria Magdalena zurückgeführt hatte. In Wahrheit stammte er von einfachen Bauern ab, schwamm in politisch extrem rechten Fahrwassern und saß dreimal im Gefängnis.

Glänzende Geschäfte

Wären Michael Baigent und Richard Leigh Historiker, hätten sie ihr Buch *»Der Heilige Gral und seine Erben«* bald nach seiner Veröffentlichung wieder zurückziehen müssen – wegen Unhaltbarkeit der zentralen Thesen. Wäre Dan Brown ein ehrbarer literarischer Autor, hätte er seinem Roman nie und nimmer die erwähnte ausdrückliche Versicherung historischer Akkuratesse beigegeben. Ironischerweise könnte aber gerade die Lügenhaftigkeit des Gralsbuches zunächst die Chancen mehren, dass die »Sachbuch«-Autoren mit ihrer Plagiatsklage gegen *»Sakrileg«* Erfolg haben – es ist ja wirklich keine Historie, sondern ihr »Werk«.
Kenner der Buchbranche und des Copyright nehmen freilich an, dass sie am Ende verlieren. Denn zum einen stammt der zentrale Handlungspunkt des Thrillers – Leonardo da Vinci betreffend – nicht von ihnen. Und zweitens dürfte es ein Fehler gewesen sein, wegen Plagiats gegen die Verlagsgruppe zu klagen, die Dan Brown herausgebracht hat; es ist nämlich auch ihre eigene. Der Londoner Richter Peter Smith hat bereits auf der ersten Sitzung moniert, dass sie nicht angegeben haben, was sie mit ihrer Klage bezwecken. Dass alle Exemplare von *»The Da Vinci Code«* eingestampft werden? Dass Sony untersagt wird, die Romanverfilmung aufzuführen? Dass sie von Random House UK

Schadenersatz in Höhe von vielleicht zehn Millionen Pfund Sterling erhalten? Doch Random House UK verkauft ja ihr Buch wieder gut – dank Dan Brown.

In der ersten Prozesswoche stiegen die Verkäufe von *»Der Heilige Gral und seine Erben«* beim Internet-Händler Amazon um mehr als 3000 Prozent an. Sollten die Autoren den Prozess gar nur als Mittel zur Verkaufsförderung ihres Backlist-Titels angestrengt haben?

Nachtrag: Im April 2006 wurde Dan Brown im Plagiatsprozess freigesprochen. Dies war zu erwarten, denn es wäre falsch, wenn sich Autoren von Belletristik durch Autoren von angeblichen Geschichts- oder Sachbüchern prüfen lassen müssten, so Richter Smith in seiner Urteilsbegründung. Dan Brown hatte im Verlauf des Prozesses zugeben müssen, dass er das Buch *»Der Heilige Gral und seine Erben«* benutzt hatte.

»Glücklicherweise musste ich nicht die literarische Qualität der Bücher beurteilen und auch nicht den Wahrheitsgehalt«, so Richter Smith in der Urteilsbegründung. Er fügte hinzu: »Ich denke, in der Verlagswelt können 40 Millionen Käufer nicht falsch liegen.« Dieser Aussage des Richters muss allerdings energisch wiedersprochen werden. Historische Fakten hängen nicht von den Verkaufszahlen eines Buches ab. Der Leser hat einen Anspruch darauf, dass der Autor Fakten und Fiktion deutlich trennt, damit der Leser nicht einer Manipulation durch einen Autor ausgesetzt ist.

»Wenn sich Baigent und Leigh von Brown bestohlen fühlen, dann muss ihr Buch der Kategorie ›dichterische Fiktion‹ angehören. Ideen kann man stehlen, historische Wahrheiten nicht. Es geht wohl doch auch um das, was auf den Tischen lag, die Jesus im Tempel umgestossen hat – viel Geld«, so der Prozesskommentar des Neutestamentlers Professor Rainer Riesner. (Idea v. 12. 4. 2006, S. 19)

Gerhard Bekmann, Schwindel vor Gericht – Dan Browns skandalöser Bestseller im Zentrum eines Londoner Plagiatsprozesses; © Rheinischer Merkur Nr. 10, 9. 3. 2006 – Abdruck mit freundlicher Genehmigung

3. Mona Lisa lächelt

Ein Interview mit einem Leonardoforscher

Alexander Schick: Herr Professor Zöllner, in Dan Browns Bestseller spielt Leonardo da Vinci eine wichtige Rolle. So soll er dem Orden der Bruderschaft von Sion angehört haben (S. 9). Sie kennen alle Werke und Aufzeichnungen dieses Genies. Was wissen Sie darüber?

Prof. Frank Zöllner

PROF. FRANK ZÖLLNER: Leonardo da Vinci gehörte zu den am besten dokumentierten Personen seiner Zeit. Es gibt keinen Grund dafür, in der Person Leonardos etwas Geheimnisvolles zu erblicken. Dem gemäß ist auch die zu Beginn von *»Sakrileg«* aufgestellte Behauptung unsinnig, Künstler wie Leonardo und Botticelli hätten dem geheimen Orden der Sionsbruderschaft angehört, die als Gegner der katholischen Kirche eine unbequeme Wahrheit vor ihrer Unterdrückung bewahrt hätten. Eine solche Behauptung ließe sich, ausgehend von den reichlich vorhandenen Originalquellen, nicht einmal annähernd plausibel machen.

Alexander Schick: Dan Brown beschreibt Leonardo in folgender Weise: »Da Vinci hatte zum Studium der menschlichen Anatomie Leichen ausgegraben … Er glaubte sich im Besitz des alchemistischen Wissens, mit dem man Blei in Gold verwandeln und sogar durch die Herstellung eines Lebenselixiers Gott um den Tod betrügen konnte. Außerdem gehörten Kriegsmaschinen und Folterinstrumente von bis dahin nicht gekannter Grausamkeit zum Repertoire seiner vielfältigen Erfindungen« (S. 67). Teilen Sie als Wissenschaftler diese Beschreibung von Leonardo?

PROF. FRANK ZÖLLNER: Er hat keine Leichen ausgraben müssen, man stellte sie ihm gelegentlich im Hospital von S. Maria Nuova zur Verfügung. Alchemistisches Geheimwissen hat Leonardo nicht besessen. Seine Maschinen sind oft phantastisch, von Folterinstrumenten mit bis dahin ungekannter Grausamkeit wusste er nichts.

Alexander Schick: Außerdem heißt es: »Dieses visionäre Genie war zugleich ein ausschweifender Homosexueller und Verehrer der göttlichen Ordnung der Natur gewesen« (S. 67), und: Leonardos »Verehrung für die alten weiblichen Gottheiten ist bestens dokumentiert« (S. 134).

Prof. Frank Zöllner: Leonardo war homosexuell und an Frauen nicht interessiert. Weiblichkeit hat er nicht verehrt, eher schon hübsche junge Männer, die er sein Leben lang um sich scharte.

Alexander Schick: Dan Brown behauptet: »Da Vincis gewaltige Produktivität an atemberaubenden Gemälden mit religiösen Inhalten trug zur Verbreitung des gegen ihn erhobenen Vorwurfs spiritueller Heuchelei bei. Er malte Hunderte von lukrativen Auftragswerken für den Vatikan« (S. 68). Wie viele Kunstwerke mit religiösem Inhalt sind heute der Fachwelt bekannt?

Prof. Frank Zöllner: Papst Leo X. beklagte sich bitter über Leonardos mangelnde Produktivität in Rom. Dort schuf er zwei kleine, heute verlorene Madonnen und wahrscheinlich *Johannes den Täufer*, heute im Louvre.

Alexander Schick: Kann man aber sonst von einer »gewaltigen Produktivität« des Meisters sprechen?

Prof. Frank Zöllner: Nein, leider nicht. Die Zeitgenossen klagten immer wieder darüber, dass er seine Zeit mit mathematischen Studien vertue und daher zu wenig male.

Alexander Schick: Dan Brown behauptet weiter: »In viele seiner Gemälde mit Darstellungen von Heiligen arbeitete er symbolische Bezüge ein, … [die] alles andere als christlich waren – und streckte damit unterschwellig der Kirche die Zunge heraus« (S. 68). Sehen Sie dies auch so?

Prof. Frank Zöllner: Natürlich arbeitete Leonardo niemals unchristliche Bezüge in seine Gemälde ein. Kunst war damals Auftragskunst; ein Künstler konnte nicht irgendeinen Unsinn malen, wie das heute möglich ist.

*Leonardo da Vinci *1452 † 1519 – Selbstporträt.*

Das berühmteste Gemälde der Welt – die Mona Lisa.

Alexander Schick: Brown spricht häufig von »da Vinci« (u. a. S. 66 ff., 165). Im Original lautet sein Roman »*The Da Vinci Code*«. War »da Vinci« der Nachname des großen Künstlers, wie es Brown auffasst? »Da Vinci« hört sich doch vielmehr nach einer Ortsbezeichnung an, die man an einen Namen anfügte. So ja auch schon im Neuen Testament bei »Maria Magdalena«, was bedeutet: Maria aus Magdala.
Prof. Frank Zöllner: Im 15. Jh. waren Nachnamen im heutigen Sinn nicht verbreitet, so dass man zur besseren Unterscheidung der Personen Ortsnamen verwandt hat, also z. B. Leonardo da Vinci, d. h. Leonardo aus dem Ort Vinci, oder auch Leonardo di Ser Piero da Vinci, d. h. Leonardo, der Sohn des Herrn Piero aus Vinci.
Alexander Schick: Natürlich fehlt in »*Sakrileg*« die berühmte *Mona Lisa* nicht. Nach Dan Brown habe Leonardo da Vinci behauptet, »sie sei sein bestes Werk«; und, »er hatte das Gemälde auf all seinen Reisen mit sich geführt. Nach dem Grund befragt, pflegte er zu antworten, er brächte es nicht fertig, sich von seiner gelungenen Darstellung

weiblicher Schönheit zu trennen … viele Kunsthistoriker glauben allerdings, dass seine Wertschätzung der *Mona Lisa* nichts mit ihrer künstlerischen Meisterschaft zu tun hatte. Genau genommen war das Gemälde ein überraschend schlichtes Porträt in Sfumato-Technik« (S. 164). Teilen sie diese Einschätzung?

Prof. Frank Zöllner: Leonardo hat sich über seine Werke nicht geäußert. Das Gemälde ist ein Porträt in Sfumato-Technik (= mit verschwimmenden Umrissen gemalt), schlicht finde ich es nicht, eher monumental, seinerzeit eines der größten Frauenporträts.

Alexander Schick: Mona Lisa und ihr geheimnisvolles Lächeln wird von Dan Brown auf folgende Weise interpretiert: »Der Hintergrund hinter dem Gesicht verläuft nicht gerade … Da Vinci hat den Horizont auf der linken Seite deutlich niedriger gemalt als auf der rechten … Indem er die Landschaft auf der linken Bildseite tiefer gesetzt hat, lässt er die dargestellte Person bei der Betrachtung von links deutlich größer erscheinen. Da Vinci hat sich hier einen kleinen Scherz für Kenner erlaubt. Das Männliche und das Weibliche haben traditionsgemäß bestimmte Seiten – links für weiblich und rechts für männlich. Als großer Verehrer des Weiblichen hat Leonardo die *Mona Lisa* so gemalt, dass sie von links majestätischer erscheint als von rechts« (S. 165). Hat sich Leonardo einen »kleinen Scherz für Kenner« erlaubt? Stimmen Sie mit der Interpretation von Brown überein?

Prof. Frank Zöllner: Leonardo war ein Mysogynist, also jemand, der Frauen eher verachtet als verehrt. Eine Symbolik des Rechts und Links als Seiten des Männlichen bzw. Weiblichen lässt sich für Leonardos Zeit in der hier von Brown angenommenen Form natürlich nicht nachweisen. Die linke und rechte Seite im Bild waren gleichwohl durch eine klare Hierarchisierung bestimmt: Vom Bild aus gesehen rechts – d. h. vom Betrachter aus gesehen links – galt heraldisch als die hierarchisch höher stehende Seite. Diese Hierarchisierung lässt sich bedingt auch auf die *Mona Lisa* anwenden, denn ihre linke und damit die heraldisch tiefer stehende Körperseite ist dem Betrachter zugewandt, was noch den Porträtkonventionen des 15. Jahrhunderts entspricht und an die dem Mann gegenüber untergeordnete Rolle der Frau erinnert, wie sie in der Zeit um 1500 als selbstverständlich definiert war. Tatsächlich weisen die meisten Frauenbildnisse des 15. Jahrhunderts aus diesem Grund ihre linke Seite dem Betrachter zu und die Männerporträts ihre rechte.

Alexander Schick: Brown lässt seinen Romangelehrten Langdon weiter dozieren: »Leonardo da Vinci kam es vor allem auf das Gleichgewicht zwischen dem Männlichen und Weiblichen an. Er war überzeugt, dass die Seele des Menschen nur dann Erleuchtung finden kann, wenn sie sowohl männliche wie auch weibliche Anteile umfasst …« (S. 165 f.). Daraufhin fragt im Roman ein Gefängnisinsasse den Romanprofessor Landon: »Stimmt es eigentlich, dass die *Mona Lisa* ein Selbstporträt von da Vinci in Weiberklamotten ist?« Langdon antwortet: » … Mit Hilfe von Computeranalysen hat man einige erstaunliche Übereinstimmungen der *Mona Lisa* mit da Vincis Selbstporträts nachweisen können … seine *Mona Lisa* ist weder eindeutig männlich noch eindeutig weiblich. Sie hat Merkmale von beidem, etwas Androgynes, wie man es nennt« (S. 166). Wird diese Interpretation dem Gemälde *Mona Lisa* gerecht? Weiß man, wen die *Mona Lisa* darstellen soll?

Prof. Frank Zöllner: All das glaubte Leonardo nicht. Das Gemälde stellt Lisa Gherardini dar, die Gattin Francesco del Giocondos, eines Florentiner Seidenhändlers.

Alexander Schick: Die Bezeichnung »*Mona Lisa*« erklärt Dan Brown seinen Lesern so: »Amon war der ägyptische Gott der männlichen Fruchtbarkeit … und als weibliches Gegenstück [gab es] die Göttin Isis. In der altägyptischen Bilderschrift heißt sie L'ISA«. AMON und L'ISA würde zusammengeschrieben »*MONA LISA*« ergeben. Dan Brown: »Nicht nur das Gesicht der *Mona Lisa* trägt androgyne Züge, auch ihr Name ist ein Anagramm auf die göttliche Vereinigung des Männlichen mit dem Weiblichen … [dies] ist da Vincis kleines Geheimnis und zugleich der Grund für das wissende Lächeln der *Mona Lisa*« (S. 166 f.). Lässt sich der Name *Mona Lisa* auf die ägyptischen Götter Amon und Isis zurückführen? Hat Leonardo sein Gemälde so bezeichnet?

Prof. Frank Zöllner: Das ist Unsinn! Gemälde erhielten im 15. und 16. Jahrhundert keine Titel oder Unterschriften von Künstlern. Die *Mona Lisa* verdankt daher ihren Namen auch nicht Leonardo (1452–

1519) selbst, sondern dem Künstlerbiografen Giorgio Vasari (1511–1574). Außerdem hatte Leonardo nicht die geringste Ahnung von Amon und Isis. Wenn man auf den schönen Busen der *Mona Lisa* schaut, kann man wirklich nicht glauben, dass *Mona Lisa* androgyn, also mannweiblich, zwitterig, gewesen sein soll. Das Gesicht ist es auch nicht.

Alexander Schick: Über das Gemälde *Felsengrottenmadonna* im Louvre schreibt Brown: »Das Meisterwerk, das Sophie ableuchtete, war auf eine gut zwei Meter hohe Leinwand gemalt (S. 181/im amerikanischen Original steht dagegen 1,5 Meter). In der bizarren Szenerie, die Leonardo da Vinci dargestellt hatte, saß die Jungfrau Maria mit dem Jesuskind, Johannes dem Täufer und dem Erzengel Uriel im Vordergrund einer wilden Felsenlandschaft« (S. 181). »Sie packte den geschnitzten Rahmen ... [und hob] die Felsengrottenmadonna aus den Ösen der Aufhängung und [stellte es] vor sich auf den Boden« (S. 182/183). Hier geht es mir zuerst nicht um die Frage nach der Interpretation des Gemäldes, sondern dass Brown behauptet, alle Fakten seien in Bezug auf »sämtliche in diesem Roman erwähnten Werke der Kunst ... wirklichkeits- bzw. wahrheitsgetreu wiedergeben« (S. 9). Daher die Frage: Ist die Szene überhaupt denkbar? Ist das Gemälde nicht viel zu schwer?

Prof. Frank Zöllner: Als ich im Louvre war und das Gemälde für eine Detailuntersuchung abgenommen wurde, waren für die Anhängung des Bildes drei kräftige Männer notwendig. Brown behauptet zwar, dass sein Inhalt auf Fakten und Tatsachen beruhe, doch hiervon lässt sich aus der Sicht des Kunsthistorikers so gut wie nichts bestätigen.

Alexander Schick: Der Leser muss also sehr kritisch den Roman zu Händen nehmen, denn auf seine Beteuerung, »alles wirklichkeitsgetreu wiederzugeben« kann man sich nicht verlassen. Schon Browns Angaben zur Größe des Gemäldes stimmen in der Originalausgabe nicht. Diese wurden in der deutschen Übersetzung abgeändert, da sich in den USA Kunstexperten zu Wort gemeldet und Brown der Unkenntnis überführt hatten. Aber eine weitere Frage, die sich dem Leser stellt, lautet: »Wie die *Mona Lisa* war auch der andere da Vinci,

die *Felsengrottenmadonna*, unter Kunstgeschichtlern als Fundgrube« für heidnische Symbole bekannt (S.184). Es sei eine »bizarre Szenerie, die Leonardo da Vinci dargestellt« habe (S. 181). Stimmen Sie dem zu?

Prof. Frank Zöllner: Es gibt keine heidnischen Symbole in den Gemälden Leonardos.

Alexander Schick: Was halten Sie von seiner Kunstinterpretation der beiden Versionen der *Felsengrottenmadonna* (S. 190)?

Prof. Frank Zöllner: Unsinn. Brown verwechselt Johannes mit Christus. Diese Bildbeschreibung von Dan Brown zeigt noch am ehesten, dass man bei entsprechendem Vorsatz beliebige Dinge in ein Gemälde hineinphantasieren kann.

Alexander Schick: Eine Schlüsselstellung in *»Sakrileg«* nimmt das berühmte Werk von Leonardo ein, das so genannte *Letzte Abendmahl*. Brown behauptet, dass zur Rechten Jesu nicht der Jünger Johannes, sondern eine Frau sitzen würde, und zwar Maria Magdalena (S. 333 ff.).

Das Letzte Abendmahl *von Leonardo da Vinci (Mailand, Kloster Santa Maria della Grazie):*

Prof. Frank Zöllner: Die Darstellung des Johannes folgt dem damals üblichen Typus. An Leonardos Darstellung ist in dieser Hinsicht nichts ungewöhnlich. Außerdem wäre es für einen Künstler des 15. Jahrhunderts völlig undenkbar, in einem Abendmahl eine Magdalena darzustellen!

Alexander Schick: Auf dem Fresko würden Jesus und die Person zu seiner Rechten eine »eindeutige V-Form im Brennpunkt des Gemäldes« ergeben. Für Brown ein verstecktes Zeichen für den Gral, für »den weiblichen Schoß« (S. 335).

Prof. Frank Zöllner: Zunächst mal handelt es sich bei dem Gemälde nicht um ein Fresko. Tatsächlich bediente sich Leonardo einer langsam auszuführenden Mischtechnik, um dem Zeitdruck der Freskomalerei zu entgehen. Er gewann damit mehr Muße für eine innovative Gestaltung des Bildes. Sie besteht, verkürzt gesagt, darin, dass der emotionale Ausdruck der Jünger Jesu gesteigert wird und dass diese Jünger in ihrer emotionalen Aufgewühltheit in Gruppen angeordnet sind und nicht wie in älteren Beispielen eher unbewegt nebeneinander sitzen. Die Steigerung des Ausdrucks durch die Ballung der Jünger zu Gruppen führt dabei zu jenen Lücken im Gemälde, die Brown als Buchstaben deutet. Vielleicht noch am ehesten nachvollziehbar ist das vermeintliche »V« zwischen Jesus und Johannes, das wir gemäß der Lesart von Dan Brown als Zeichen des von Leonardo verehrten Weiblichen verstehen sollen. Natürlich existieren keinerlei Belege für die Untermauerung dieses hermeneutischen Geniestreichs, weder dafür, dass die nach unten sich verjüngende Lücke zwischen zwei Figuren mehr ist als nur die Lücke zwischen zwei Figuren, noch dafür, dass ein V wirklich Weiblichkeit symbolisiere. Aber immerhin, der Exeget hat richtig erkannt, dass die Lücken des Gemäldes außergewöhnlich sind. Und diese außergewöhnliche Bildgestaltung erklärt sich aus dem gut dokumentierten Bemühen des Künstlers, seine Figuren in einem Zustand emotionaler Aufgewühltheit darzustellen. Leonardo wusste aber mit Sicherheit von keinem Gral, der in der V-Form ausgedrückt sei. Eine V-Form finden Sie heute noch auf zahlreichen Verkehrsschildern, sie haben also jede Bedeutung, die man ihnen gibt. Außerdem hat eine dreieckige Lücke (V-Form) in einem Bild nicht zwangsläufig irgendeine Bedeutung. Es gibt Tausende solcher Lücken in Gemälden!

Alexander Schick: Die vermeintliche Maria und Jesus würden einen weiteren Buchstaben, ein »perfekt geformtes großes M«, ergeben, das für *»Matrimonium«*, also für die Ehe oder *»Maria Magdalena«* stehen könnte (S. 336).

Prof. Frank Zöllner: Der Buchstabe »M«, den ich dort nun wirklich nicht sehe, kann auch für Marshmallows stehen, eine bei Kindern beliebte süße Kaumasse, die Leonardo ebenso wenig kannte wie ein »Matrimonium« der Magdalena.

Alexander Schick: Nach Brown sei der Jünger Petrus eifersüchtig auf Maria gewesen. Dies würde sich auch im *Letzten Abendmahl* wider-

Leonardos Wiedergabe des Letzen Abendmahls *ist historisch gesehen voller Fehler und hat keinerlei Aussagekraft über das wirkliche letzte Abendmahl von Jesus und seinen Jüngern. Im antiken Judentum hat man* nicht *am Tisch sitzend gegessen, sondern halb im Liegen (Rekonstruktion Foto). Deshalb heißt es auch von dem Jünger Johannes, »der auch an seiner Brust beim Abendessen gelegen war« (nicht gesessen, wie es in etlichen Übersetzungen steht! – u. a. Johannes 21,20). Leonardos Gemälde stellt nur dar, wie man sich Jahrhunderte später das Abendmahl vorgestellt hat.*

spiegeln, wo man eine Hand bei der Person zur Rechten Jesu sähe, mit einer drohenden Geste, »als wolle er ihr die Kehle durchschneiden« (S. 340).

Prof. Frank Zöllner: Die Drohgebärde des Petrus gilt natürlich dem Verräter Judas, denn es geht in dem Gemälde ja um die Verratsankündigung.

Alexander Schick: In der »Apostelgruppe um Petrus« rage eine »Hand über die Tischkante«, die ein Messer halte, das »zu niemandem zu gehören« scheine. Sie sei »ohne Körper, anonym« (S. 340 f.).

Prof. Frank Zöllner: Es ist die Hand des Petrus, wie man auf frühen Kopien des Bildes noch gut erkennen kann.

Alexander Schick: Für Brown ist seine Interpretation vom *Letzten Abendmahl* eine »erdrückende Last von unglaublichen Informationen« (S. 341).

Prof. Frank Zöllner: Völliger Unsinn!

Alexander Schick: Ihr Urteil über *»Sakrileg«* als Wissenschaftler hört sich vernichtend an. Dennoch halten Sie Vorträge über diesen Roman aus Sicht der Leonardoforschung.

Prof. Frank Zöllner: Dan Browns *»Sakrileg«* ist bestenfalls Fiktion, schlimmstenfalls eine 40-millionenfach gelesene und, erstaunlicherweise, eine fast ebenso oft geglaubte Lüge. Kein Wissenschaftler kann sich mit jeder Fiktion der Welt auseinander setzen, doch im Falle von *»Sakrileg«* lohnt sich die Sache aus mehreren Gründen: Zum einen bietet das Buch eine als Kriminalroman verpackte Verschwörungstheorie; es rekurriert damit also auf den zur Ideologie geronnenen Ausdruck der Machtlosigkeit. Ebenso wichtig aber ist andererseits, dass die Leitmotive dieser Verschwörungstheorie in den meisten Fällen mithilfe der Exegese prominenter Werke der westeuropäischen Kunstgeschichte entwickelt werden. Damit beansprucht Dan Brown ein Stück Deutungshoheit über zentrale Objekte unsere Kultur, und die sollte man ihm nicht unkommentiert überlassen.

Grundsätzlich beruht die Vorgehensweise Browns auf dem verbreiteten Irrglauben, dass Bilder ohne Vorkenntnisse beliebig »lesbar« oder »deutbar« seien. Das ist evident nicht der Fall! Gerade die Kunstwerke der vergangenen Epochen erschließen sich nur mithilfe der Kenntnis eben jener Epochen. Ein Bild wie das *Letzte Abendmahl* ist für den modernen Betrachter gar nicht vollständig zu verstehen, wenn er nicht Grundkenntnisse theologischer, historischer und kunsthistorischer Art besitzt.

Alexander Schick: Herr Prof. Zöllner, haben Sie herzlichen Dank, dass Sie sich die Zeit genommen haben, um den Lesern diese Fragen zu beantworten.

Professor Dr. Frank Zöllner ist seit 1996 Lehrstuhlinhaber für Mittlere und Neuere Kunstgeschichte an der Universität Leipzig. Er habilitierte sich über Leonardo da Vinci (»Ausdruck und Bewegung bei Leonardo da Vinci«) und gilt als renommierter Experte in Sachen Leonardo. Von Prof. Zöllner erschien neben zahlreichen wissenschaftlichen Aufsätzen in Fachzeitschriften u. a. »Leonardo da Vinci 1452–1519. Sämtliche Gemälde und Zeichnungen« (Taschen Verlag, Köln 2003), das bislang detailreichste Buch über Leonardos Gemälde und Zeichnungen. 2005 veröffentlichte Prof. Zöllner eine umfassende Monographie zu Sandro Boticelli (Prestel, München). Um dem Leser zu ermöglichen, das Interview besser zu verfolgen, wurden die zitierten Passagen aus »Sakrileg« mit den entsprechenden Seitenangaben versehen.

4. Ziege gesucht – Schatz entdeckt

Was wirklich in Qumran geschah

Da wir von Dan Brown »wissen«, dass Kaiser Konstantin ein Erzbetrüger war, der alle echten Handschriften über Jesus vernichten ließ, um sie durch »neue«, purifizierte und verfälschte Evangelien ersetzen zu lassen, in denen der Mensch Jesus plötzlich zu einem Gott stilisiert wird, fragt man sich: Und wo liegt der Beweis für diese kühne Annahme? Das, lässt uns Dan Brown wissen, könne die moderne Archäologie beweisen. Dem Bibelbetrüger Konstantin sei bei seiner infamen strategischen Handschriftenvernichtungsaktion leider ein kleiner, aber folgenschwerer Fehler unterlaufen: Er habe ein paar alte Handschriften übersehen. Besser gesagt: Diese Handschriften seien in den Höhlen von Qumran am Toten Meer so gut versteckt gewesen, dass sie die Evangelienspürhunde des Kaisers nicht gefunden hätten. Und diese Schriftrollen nun hätten das alte Bild des menschlich-allzumenschlichen Jesus bewahrt. Ohne sie wüssten wir nichts von einem Jesus, der nichts Göttliches an sich hatte, der vielmehr gut verheiratet und mit einer reichen Kinderschar gesegnet war. Klarer Fall, dass der Vatikan versucht habe, die Veröffentlichung zu verhindern.

Ersetzen wir das dumpfe Geraune über Qumran durch Fakten. Die Geschichte hat es in sich, sie ist ein absoluter Wissenschaftskrimi.

Freund Zufall kommt zu Hilfe

Im Frühjahr 1947 durchzogen einige Beduinen mit ihren Ziegen das Gebiet am Nordwestufer des Toten Meeres. Es wird sich wohl nie mehr ganz genau klären lassen, warum Muhammed edh-Dhib (der Wolf) in den steilen Felsklippen herumkletterte und Steine in die Höhlen warf. Suchte er wirklich seine Ziege, die ihm angeblich weggelaufen sei, wie er später immer wieder erzählte? Hoffte er alte Schätze zu finden, oder musste er Schmuggelware in einer der vielen

Höhlen verstecken? Warum er in dem unwirtlichen Gelände herumkraxelte, was er dort machte oder suchte, kann uns eigentlich auch egal sein – wichtig ist, dass er damit einen Stein ins Rollen gebracht hat, der bis heute weltweit Forscher in Atem hält. Was war geschehen?

Als Muhammed edh-Dhib etwa 1,5 km nördlich von der uralten Ruine Qumran entfernt eine besonders kleine Höhlenöffnung entdeckte, warf er seinen Stein hinein. Er hörte, wie Ton oder etwas Ähnliches zersprang. Als er sich in die Höhle zwängte, erkannte er im Dämmerlicht mehrere Tonkrüge, die sorgsam aufgereiht an der Wand standen. Einer der 60 cm hohen Tonkrüge war durch seinen Steinwurf kaputtgegangen. Sollte er einen verborgenen Schatz entdeckt haben? Aber welche Enttäuschung! Lediglich fürchterlich verklebte und an-

Muhammed edh-Dhib (links) entdeckte die 1. Höhle von Qumran 1947.

In einem solchen Tonkrug wurden die Schriftrollen in Höhle 1 entdeckt.

Autor Alexander Schick vor der berühmten Höhle 4.

geschwärzte Lederrollen konnte er in den Tonkrügen finden. Trotz seiner Enttäuschung steckte er die Ausbeute in seinen Lederbeutel. Im Lager wurde der Fund genau untersucht. Alte Leinentücher waren um die Rollen gewickelt. Schnell waren sie abgelöst. Neugierig öffnete edh-Dhib die Rollen.

Merkwürdige schwarze Schriftzeichen wurden sichtbar. Eine besonders dicke Rolle wickelten die Beduinen komplett ab. Sie reichte von einem Zelt bis zum nächsten – fast 8 Meter. Sie wussten nicht, dass sie tatsächlich einen ungeheuren Schatz in den Händen hielten – wertvoller als alles Gold und Silber. Die Rollen wurden wieder eingepackt und die Tasche an den Zeltpfosten gehängt. Die Kinder hatten endlich ein neues Spielzeug. Voller Begeisterung stürzten sie sich auf den Beutel und holten die Rollen heraus. Als sie an einer Rolle etwas kräftiger hantierten, zerriss das poröse Leder in viele Stücke. Sie landeten auf dem Müllplatz und waren kurze Zeit später vom Winde verweht, so berichtete edh-Dhib 1993 einem befreundeten Qumranforscher in Jerusalem. Wie viele Schriftrollen edh-Dhib damals mitgehen ließ, kann man nicht mehr sagen. In die Hände der

Wissenschaftler gelangten nur sieben Rollen. Als die Höhle von dem Archäologen Prof. Roland de Vaux untersucht wurde, konnten Reste von über 70 Rollen nachgewiesen werden.

Der Bibelschatz

Drei der Schriftrollen verkauften die Beduinen über einen Mittelsmann an den israelischen Professor Eliazar Sukenik von der Hebräischen Universität, vier weitere an Kando, einen Händler in Bethlehem. Er handelte schon lange mit antiken Fundstücken – und wo ein paar Schriftzeichen drauf waren, das musste sich doch in klingende Münze umsetzen lassen. Kando gehörte zur syrisch-orthodoxen Gemeinde und konnte seinen Bischof für diese Handschriften begeistern. Für umgerechnet 500 Euro wechselten sie erneut den Besitzer. Monatelang versuchte Bischof Samuel herauszubekommen, für was er eigentlich sein Geld ausgegeben hatte. Er selber konnte die Schriftzeichen auch nicht lesen. Nach vielen vergeblichen Versuchen, die Handschriften in ihrem Inhalt und Wert zu bestimmen, traf Bischof Samuel im Februar 1948 mit Dr. John C. Trever von der American School of Oriental Research zusammen. Trever erkannte sogleich, dass der Bischof mit seinen Rollen einen wahren Bibelschatz besaß. Die längste der Schriftrollen

Bischof Athanasius Samuel 1948 mit der großen Jesajarolle. Der Bischof hatte vier Schriftrollen aus Höhle 1 von Kando angekauft.

entpuppte sich bei genauerer Untersuchung als eine Abschrift des Prophetenbuches Jesaja.

Als ich mich in Los Angeles zu Filmaufnahmen mit Prof. Trever († Mai 2006) traf, war er trotz seines hohen Alters noch immer von dem Sensationsfund total fasziniert: »Ohne Zweifel: Vor mir lag der hebräische Text aus dem Propheten Jesaja. Die Form der Buchstaben war so alt, die Rolle musste aus dem 1. oder 2. Jahrhundert vor Chr. stammen. Voller Aufregung entrollte ich auf meinem Bett das Schriftstück bis zum Ende. Nach über 7 Metern gelangte ich zum letzten Blatt der Rolle – und tatsächlich, der letzte Vers des 66. Kapitels des Jesajabuches war darauf enthalten. Ich konnte in der Nacht vor Aufregung nicht schlafen! Mit dieser Schriftrolle hatten wir die älteste komplette Abschrift eines Bibelbuches auf Hebräisch vorliegen. Der Traum aller Bibeltextforscher ging damit in Erfüllung.«

Wurde die Bibel verfälscht?

Bis heute stellt die so genannte große Jesajarolle (1QJes[a]) vom Toten Meer *die* wissenschaftliche Sensation dar. Um die Bedeutung dieser Rolle richtig einschätzen zu können, müssen wir einen kleinen Blick in die Überlieferungsgeschichte der jüdischen Bibel, unseres Alten Testaments, tun. Im Judentum hatte man die Angewohnheit, eine altgewordene Handschrift durch eine sorgfältige Abschrift zu ersetzen. Die neue Abschrift war im jüdischen Verständnis viel wertvoller als die alte. Die alte Rolle wurde in einen Verwahrraum gebracht – eine so genannte Geniza (wörtlich: Versteck), denn die jüdische Tradition verbot es den Tempelleuten, Gegenstände, die den Namen Gottes tragen, zu zerstören. So überließ man die alten Rollen dem natürlichen Zerfallprozess. Daher stammen die ältesten komplett erhaltenen hebräischen Bibelhandschriften erst aus dem Jahr 1008 *nach* Chr.! Nicht besonders alt im Vergleich mit dem Alter der Bibel.

Die Probleme liegen auf der Hand: Wie viele Schreiber haben in den Jahrhunderten den Text immer wieder abgeschrieben? Konnte man sich sicher sein, dass die Abschreiber nicht trotz großer Sorgfalt

Fehler begangen haben? Vielleicht hatte ja auch der ein oder andere bewusst in den Text eingegriffen und Passagen geändert, die ihm nicht zusagten, oder Dinge hinzugefügt? Zudem stellte die Textgestalt des Alten Testaments die Forschung vor mancherlei Fragen. Das hebräische Alphabet hat keine Vokale, der biblische Text bietet keine Zeichen der Interpunktion, wie Punkte, Kommas oder auch Großbuchstaben, die den Anfang eines Satzes markieren. Der Leser kann selber ermessen, wie schwer es ist, einem Wort die richtigen Vokale zu geben. Was kann man nicht alles aus den drei Konsonanten LBN machen? Das gemeinte Wort könnte heißen: lieben, leben, laben oder loben. Vier Bedeutungen für drei Konsonanten! Im Hebräischen ist dies nicht viel anders.

Erst im 8. Jahrhundert führten jüdische Theologen (die so genannten Masoreten = jüdische Überlieferer der Hebräischen Bibel) Vokale und Interpunktion bei den hebräischen Texten ein. Auf diesen so genannten *masoretischen* Bibeltexten basieren alle modernen Druckausgaben der hebräischen Bibel wie z. B. die Biblia Hebraica Stuttgartensia, die Stuttgarter wissenschaftliche Ausgabe des hebräischen Alten Testaments. Die Masoreten hatten strengste Regeln für die Abschreiber entwickelt. Aber auch bei dem größten Gelehrten konnte der Faktor menschlicher Fehlbarkeit nie ganz ausgeschlossen werden. Man war sich daher nie ganz sicher, wie zuverlässig der üblicherweise abgedruckte Text des Alten Testaments tatsächlich war.

Überlieferung im Langzeittest

Mit der Jesajarolle aus dem 2. Jahrhundert v. Chr. hatte man nun ein komplettes Bibelbuch aus dem Alten Testament vorliegen, das um über 1000 Jahre älter war als die mittelalterlichen Handschriften, auf die man sich bis dahin berief (siehe Grafik S. 53). Eine absolute Sensation! Über 1000 Jahre Textgeschichte – Abschriften von Abschriften von Abschriften – konnte man nun auf einen Schlag untersuchen. Kaum war die Entdeckung der Jesajarolle bekannt geworden, da schrieben die Zeitungen: »Jetzt wird sich zeigen, dass die Bibel schlecht überliefert ist« – »Jetzt wird die Grundlage des Christentums erschüttert«. Die Jesajarolle wurde gleichsam zum Gradmesser für die Bibelüberlieferung. Wie treu blieb sich die Bibel im Laufe der Jahrhunderte? Hielten wir Modernen eigentlich noch das gleiche Buch in Händen, von dem schon die Alten sprachen?

Die Jesajarolle enthält alle 66 Kapitel dieses Bibelbuches in hebräischer Sprache. Lediglich an ganz wenigen Stellen fehlen durch Beschädigung einige wenige Buchstaben. Ansonsten ist die Rolle auf 7,34 m Länge, besonders in Anbetracht ihres hohen Alters, geradezu vorzüglich erhalten. Natürlich ist diese Jesajarolle nicht die Originalschrift, nicht der Autograph des Prophetenbuches. Der Text ist schon im Altertum von einem Korrektor sehr gründlich überprüft worden. Als man den Text der Jesajarolle mit den bisher bekannten mittelalterlichen Handschriften verglichen hatte, stellte man fest, dass der Text ganz hervorragend überliefert worden ist. Zu diesem Ergebnis kamen die Forscher, obwohl sie bei einem Buchstabenvergleich über 6000 Varianten feststellten. Wie ist das zu erklären? Wieso behaupten Wissenschaftler, dass der Text ausgezeichnet überliefert ist, obwohl man so viele Varianten gefunden hat?

Ungefähr 4500 Abweichungen sind rein orthographischer Natur, also durch die Rechtschreibung bedingt. Bei solchen Fällen liefert die Rolle zwar interessante Hinweise auf die Entwicklung der hebräischen Sprache, aber wir müssen uns auch klar machen, dass diese Abweichungen in Rechtschreibungen und Formenlehre natürlich für die Bedeutung keinen Unterschied ergeben und in einer Übersetzung unsichtbar werden, so der englische Wissenschaftler Prof. Frederick Bruce. In der wissenschaftlichen Textausgabe der hebräischen Bibel sind etwa 1375 Varianten der Jesajarolle verzeichnet. Betrachtet man diese Abweichungen im Detail, so kann man dem Fachurteil der Handschriftenforscher nur zustimmen, dass der Text ausgezeichnet überliefert ist. Hätte man nicht aufgrund der vielen Abschreiber große Unstimmigkeiten erwarten müssen? Doch dies ist nicht der Fall! Es gibt Differenzen in der Schreibweise, manchmal ein Vertauschen von Wörtern, einen hinzugefügten oder weggelassenen Satz.

Der berühmteste Fund aus Höhle 1 ist die große Jesajarolle aus dem 2. Jahrhundert v. Chr. Sie ist um mehr als 1000 Jahre älter als alle bis dahin bekannten kompletten hebräi-schen Bibelhandschriften und belegt die hervorragende Überlieferung des alttestamentlichen Prophetentextes. Das Foto zeigt eine detailgetreue Replik aus der Bibelsammlung des Autors.

Der Bibeltext im Vergleich

Einige Beispiele sollen dies verdeutlichen: In Jesaja 1,15 heißt es: »Und wenn ihr auch eure Hände ausbreitet, verberge ich doch meine Augen vor euch; und wenn ihr auch viel betet, höre ich euch doch nicht; *denn eure Hände sind voll Blut.*« So lautet der Vers im überlieferten, masoretischen Text, welcher der Übersetzung der Lutherbibel 1984 und auch der katholischen Einheitsübersetzung zu Grunde liegt. In der Jesajarolle von Qumran geht der Vers noch weiter: *» … und eure Finger voll Verbrechen«.* Keine andere Textfassung kennt diese zusätzlichen Worte, so wurden sie auch nicht in die Übersetzungen aufgenommen.

Bei Jesaja 2,3 heißt es im masoretischen Bibeltext: »Lasst uns auf den Berg des Herrn gehen, zum Hause des Gottes Jakobs.« In der Schriftrolle fehlt: *»auf den Berg des Herrn«.* In Jesaja 15, Vers 9 übersetzt die Lutherbibel nach dem masoretischen Text: »Denn die Wasser zu

000 n.Chr.

Aleppo Codex (masoretischer Text)

über 1000 Jahre älter

500

200

Christi Geburt
0

Große Jesaja-Rolle (1QJes[a])

entdeckt 1947 bei Qumran am Toten Meer

200 v.Chr.

Dimon sind voll Blut …« In der Rolle heißt es an dieser Stelle: »Denn die Wasser zu *Dibon* sind voll Blut …« Die Abweichung besteht hier also in einem einzigen Buchstaben. In den meisten modernen Bibelübersetzungen heißt die Stadt »Dimon« inzwischen so wie in der weitaus älteren Rolle »Dibon«.

Was macht der Löwe auf dem Wachturm?

Manchmal kann ein falsch geschriebener Buchstabe aber durchaus den Sinn des Textes verändern. Die Jesajarolle half, eine sehr schwierige Textstelle bei Jesaja 21,8 zu lösen. Nach dem masoretischen, traditionellen hebräischen Text muss man diese Stelle so übersetzen: »Und er schrie, ein Löwe: Auf einem Wachturm steh ich, o Herr …«, möglich wäre auch die Übersetzung: »Und ein Löwe schrie: Auf einem Wachturm steh ich, o Herr …« Diese Stelle hat den Übersetzern schon lange Kopfschmerzen bereitet. Was ein Löwe hier zu suchen hat, ist schwer zu begreifen, zumal in Vers 6 zuvor berichtet wird, wie Gott befiehlt: »Geh hin, stell einen Späher auf! Was er sieht, soll er berichten.« Manch ältere Übersetzungen hatten versucht, der Stelle einen Sinn zu geben, indem sie ein »wie« einfügten, so dass es dort heißt: »Und *wie* ein Löwe ruft er« (so z. B. Luthertext 1892). Buber und Rosenzweig interpretieren in ihrer Übersetzung die Stelle noch anders: » … dann soll er den Löwenschrei rufen! Auf der Spähe für meinen Herrn steh ich nun des Tags immerzu …«, und in einer anderen jüdischen Übersetzung liest man: » … da ruft er: der Löw (ist los)! Auf Ausschau steh ich, Herr …« Man sieht, wie sehr sich die Übersetzer mühen, der Stelle einen vernünftigen Sinn abzuringen. Nur, von einem »Löwenschrei« als Signalruf oder einem entlaufenen Löwen steht nun wirklich nichts im Bibeltext. Das Rätsel des »Löwen auf dem Wachturm« löste sich durch die Entdeckung der Jesajarolle. Heute weiß man, dass der Text in der Antike gelautet hat: »Da rief der Späher: Herr, den ganzen Tag stehe ich auf meinem Posten, die ganze Nacht halte ich Wache.« Die verschiedenen Lesarten und damit die Übersetzungen rühren daher, dass sich im Hebräischen die

Worte »Löwe« und »der es sah (Späher)« im Schriftbild sehr ähnlich sind. Durch das Verwechseln zweier Konsonanten war aus dem Späher ein völlig aus der Luft gegriffener Löwe geworden.
Diese Beispiele dürften verdeutlichen, dass die verschiedenen Lesarten dabei *keine* theologischen Grundaussagen berühren. Die große Jesajarolle half sogar an einigen Stellen den korrekten Sinn wieder zu gewinnen und man kann Forschern wie Prof. Burrows, dem Herausgeber der Jesajarolle, nur zustimmen, wenn er urteilt: »Es verwundert, dass der Text durch ein Jahrtausend so wenig Veränderung erfahren hat. Ebenso urteilt der jüdische Wissenschaftler Moshe Pearlman: Es ist doch bemerkenswert, dass trotz der vielen Möglichkeiten zu Veränderungen des Textes in der langen Reihe von Abschriften unser heutiger Jesajatext noch fast unverändert so ist wie der, der vor 2100 Jahren in Qumran aufgeschrieben wurde. Sogar die Einteilung der Kapitel, die durch Zeilenabstände markiert werden, entspricht fast immer der in unserer Bibel. In unserem Buch *»Auf der Suche nach der Urbibel«* haben wir viele weitere Beispiele aufgelistet, die dem interessierten Leser eine Übersicht über die Varianten der Qumranbibeltexte in Übersetzung geben.

Weitere Entdeckungen in der Wüste

Edh-Dhib konnte sich von seinem Anteil an der Beute ein Gewehr und endlich seine Frau kaufen, d. h. er hatte genug Geld, um die Mitgift für die schönste Blume des Nachbarstammes aufzubringen. Von seinem finanziellen Erfolg angespornt, durchkämmten seine Stammesgenossen darauf die gesamte judäische Wüste. Kein Stein wurde von den findigen Wüstensöhnen zu Beginn der 50er Jahre unbeachtet gelassen, jeder Felsenriss genauestens untersucht und selbst die entlegensten Höhlen in den Steilklippen wurden unter Todesgefahr erklommen. Die Beduinen lieferten sich mit der Jordanischen Antikenverwaltung (seit 1948 gehörte der nördliche Teil des Toten Meeres zum jordanisch besetzten Gebiet) einen Wettlauf bei der Suche nach antiken Schriftstücken. Die Beduinen waren immer schneller! Wenn die Archäologen von einer neuen illegalen Grabung erfuhren und die Höhle erreichten, sahen sie oft nur noch eine große Staubwolke – sie sahen, wie sich manchmal bis zu 30 Beduinen im wahrsten Sinne des Wortes »aus dem Staube« machten. Und die Arbeit der »Amateurarchäologen« war zum Leidwesen der Wissenschaftler fast perfekt, nur wenige Bruchstücke konnten sie noch in der »Nachlese« finden. Eine wissenschaftliche Expedition im März 1952 endete fast in einem Fiasko. Sie musste bereits nach drei Wochen wegen drückender Hitze und Malaria abgebrochen werden. In allen untersuchten Höhlen hatte man zudem feststellen müssen, dass die Beduinen schon vorher da gewesen waren. Nur einen Fund konnten die Archäologen selber machen. Eine Rolle aus reinem Kupfer. Ihr Inhalt: Ein Verzeichnis von 64 Schatzverstecken in Israel. Bis heute konnte jedoch keines dieser Verstecke eindeutig identifiziert werden. Über keinen Qumranfund sind sich die Forscher so uneinig wie über diese Kupferrolle. Handelt es sich um einen echten Schatz, vielleicht sogar um den Tempelschatz? Das Geheimnis der Kupferrolle wird wohl nie gelöst werden. Der größte Fund stand allerdings noch bevor und den sollten natürlich wieder die Beduinen machen …

1952 entdeckte man in der 3. Höhle eine Kupferrolle. Deutlich kann man den eingravierten hebräischen Text erkennen. Es ist eine umfangreiche Liste von Schatzverstecken im Heiligen Land. Die einzigartige Kupferrolle befindet sich heute im Archäologischen Museum von Amman (Jordanien).

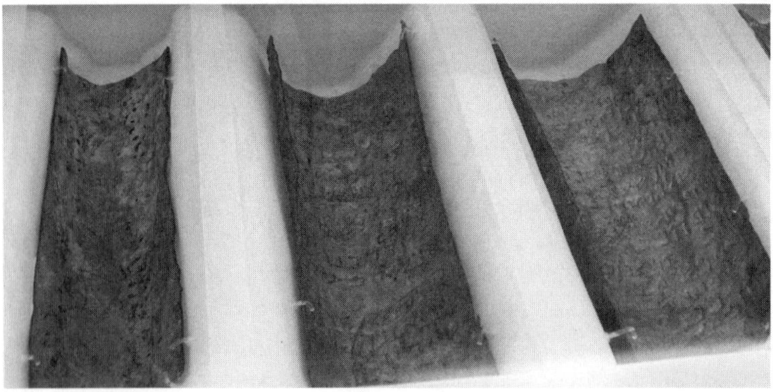

Die »Goldader« von Qumran! 1952 wurde die 4. Höhle entdeckt, die fast 600 Schriftrollen enthielt. Eine ganze antike Bibliothek. Aber keine der Schriftrollen war erhalten. Sie waren zerfallen in 40 000 Fragmente!

Viel Geld für wenig Leder

Im September 1952 untersuchten einige Beduinen die Höhlen direkt gegenüber der uralten Qumranruine. Als sie im Inneren fast einen Meter des Bodenniveaus abgetragen hatten, machten sie eine unglaubliche Entdeckung. Fast 600 (!) Schriftrollen fielen ihnen in die Hände. Erinnern wir uns: Fünf Jahre vorher waren in der ersten Höhle »nur« sieben Rollen entdeckt worden. Diesmal hatten die Beduinen aber eine ganze antike Bibliothek vor sich. Aber: Nicht eine einzi-

Prof. Kuhn (rechts), Prof. Hunzinger (Mitte) aus dem Schriftrollenteam und Jospeh Saad (links), der Sekretär des Museums, 1955 bei der Sichtung neuangekaufter Qumranfragmente. Der Preis für die Fragmente auf dem Tisch betrug umgerechnet 24 000 €.

ge Schriftrolle war erhalten, sie alle waren zerfallen in über 40 000 Bruchstücke (Fragmente). Die Durchschnittsgröße der Teile entspricht einem Zweieurostück. Bis die Archäologen von der erneuten illegalen Plünderung erfuhren, hatten die Beduinen diese so genannte vierte Höhle schon fast vollständig leer geräumt. Für viel Geld musste die Jordanische Antikenverwaltung die Funde den Beduinen abkaufen. Der »Marktpreis« pendelte sich bei 6 Euro für einen Quadratzentimeter ein. Für ein kleines Fragment in der Größe einer 55-Cent-Rollenbriefmarke mussten also 30 Euro bezahlt werden. Viel Geld für wenig Leder! Die Schriftrollenfunde machten freilich einen ganzen Beduinenstamm wohlhabend.

Das größte Puzzle der Welt

Um die gewaltige Menge des Materials aus Höhle 4 zu sichten und zu identifizieren, wurden alle Fragmente auf meterlangen Tischen im so genannten »Rollensaal« des Rockefeller-Museums in Ost-Jerusalem ausgebreitet. Da es keine jordanischen Wissenschaftler gab, die in der Lage gewesen wären, jüdische Dokumente zu bearbeiten, wurde 1952 eine sechsköpfige internationale Forschergruppe ins Leben gerufen. Sie sollte sich mit dem wohl größten »wissenschaftlichen Puzzle« der Welt beschäftigen. Zu dem Team gehörten neben Spezialisten aus Frankreich, England, Polen und den USA auch der deutsche Universitätsprofessor Dr. Claus-Hunno Hunzinger, dem ich persönlich zu großem Dank verpflichtet bin für seine immerwährende Unterstützung meiner Qumranstudien.

Um die schwierige Arbeit an den Rollenbruchstücken zu verstehen, zieht Prof. Hunzinger gerne folgenden Vergleich: »Stellen Sie sich vor, Sie finden auf dem Dachboden eine alte Truhe. Der Inhalt: 600 Liebesbriefe an Ihre Urgroßmutter. Wichtig – es müssen verschiedene Verehrer gewesen sein, die Ihrer Urgroßmutter geschrieben haben. Natürlich lesen Sie die Liebesbriefe nicht. Sie zerreißen alle in 100 000 kleine Fetzen, mischen alles gründlich und – das ist das Schlimmste – Sie verbrennen 80 % der Fragmente. Aus dem Rest rekonstruieren Sie die Liebesbriefe und deren Inhalt. Genau das war unsere Arbeit an den Fragmenten – nur, wir hatten es nicht mit Liebesbriefen Ihrer Urgroßmutter zu tun, sondern mit unvokalisierten hebräischen und aramäischen Texten. Texte, die größtenteils bisher völlig unbekannt waren. Die Arbeit war mühsam

Der Schriftrollensaal im Rockefeller-Museum. Auf den meterlangen Tischen zigtausende von sortierten Qumranfragmenten. Die ca. 80 000 Bruchstücke aus den elf Höhlen konnten zu 15 000 zusammengehörigen Fragmenten rekonstruiert werden. Ein unglaubliches wissenschaftliches Puzzle!

Ein Teil der Funde aus Höhle 11, die 1956 von Beduinen entdeckt worden war. Die Rollen und Fragmente stanken entsetzlich nach Fledermauskot, den die Tiere in der Höhle seit Jahrhunderten hinterließen. Links oben noch ungeöffnet die sehr gut erhaltene Psalmenrolle. Für den Ankauf dieser »stinkenden« Schätze mussten 130 000 Dollar bezahlt werden, damals eine viertel Million Euro.

und ging nur schrittweise voran. Und doch ließ sich in sorgfältiger Kleinarbeit das Material nach den verschiedenen Schreiberhänden auseinander sortieren, Zusammengehöriges zusammenfügen und der Inhalt der so ermittelten Handschrift bestimmen.«

Bis 1956 wurden insgesamt 11 Höhlen mit den Überresten von fast 1200 Schriftrollen entdeckt. Nur 11 der Qumranrollen sind mehr oder weniger vollständig erhalten, darunter die berühmte große Jesajarolle – der Rest hingegen besteht nur noch aus über 80 000 (!) Schriftrollenschnipseln. Die Fragmente waren verklebt und mussten z. T. in einem Teekocher mit Wasserdampf vorsichtig gelöst werden. Manche Buchstaben hatten sich im Laufe der zwei Jahrtausende auf die Rückseite des darüber liegenden Fragments »verewigt«, waren also nur spiegelbildlich zu lesen. Auf manchen Fragmenten war überhaupt nichts zu erkennen, sie mussten mit Infrarotlicht lesbar gemacht werden. Bei den Sortierarbeiten konnte man eine erste Unterteilung nach Farbe und Art des beschrifteten Stoffes (Leder, Papyrus) vornehmen.

Auch die Farbe der Tinte und die Art der Handschrift waren Einteilungskriterien. Die so grob sortierten Fragmente wurden unter Glasplatten auf den langen Tischreihen des Rollensaales ausgebreitet. War dies schon eine langwierige Arbeit, folgte dann die nächste Hürde: Welche Fragmente gehören vom Text her zusammen? Manchmal sind auf einem Fragment ein, zwei Buchstaben zu lesen. Buchstaben sind häufig in der Mitte durchgetrennt und dazu kaum zu entziffern. Schwierigkeiten über Schwierigkeiten, die das Expertenteam zu lösen hatte.

Wenn man sich bei zwei Fragmenten nicht ganz sicher ist, ob sie zusammengehören, dann kann man heute per DNA-Analyse überprüfen, ob die zwei Fragmente (Tierhaut!) von ein und demselben Tier stammen. Oder man scannt die Fragmente und überprüft per Computer, ob die Fragmente zusammengehören. Techniken, welche die Forscher der ersten Stunde nicht kannten. Seit Beginn der 90er Jahre wurde das internationale Schriftrollenteam auf fast 60 Mitarbeiter aufgestockt. Unter Leitung von Prof. Emanuel Tov von der Hebrä-

Der Habakuk-Kommentar aus Höhle 1 aus dem 1. Jahrhundert v. Chr. Die beiden ersten Kapitel des biblischen Prophetenbuches werden Vers für Vers kommentiert. Auffallend ist die Schreibweise des Namens Gottes (Jahwe = JHWH) in der althebräischen Schrift (Faksimile aus der Bibelsammlung des Autors).

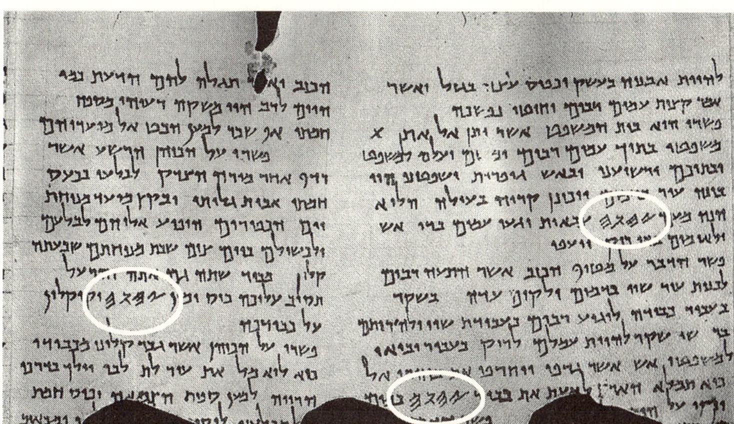

ischen Universität wurde die Veröffentlichung erfolgreich vorangetrieben. 2001 wurden die letzten Texte in der wissenschaftlichen Editionsreihe *»Discoveries in the Judaean Desert«* veröffentlicht. Inzwischen liegen die Texte auch in guter deutscher Übersetzung vor.

Hervorragendes Zeugnis für Kopisten

Von den 600 Schriftrollen aus Höhle 4 konnten rund 200 als Reste von Bibelschriftrollen entziffert werden. Die Experten entdeckten dabei Abschriften aller alttestamentlichen Bücher, nur das Buch Esther fehlt. Eine Handschrift barg Sensationelles. Unter den Fragmenten entzifferte man die Reste einer Samuel-Abschrift aus dem 3. Jahrhundert v. Chr. Sie entpuppte sich als Vorlage der griechischen Übersetzung des Alten Testaments, der so genannten Septuaginta (Zahlwort für 70. Die griechische Bibelübersetzung wird als die Übersetzung der »70« bezeichnet, da nach einer Legende 72 jüdische Theologen diese in 70 Tagen geschaffen haben sollen). Der Samueltext der Septuaginta zeigte schon immer eine leicht andere Textfassung als jene der hebräischen Bibel. Man meinte, dass sich die Übersetzer um 200 v. Chr. einige Freiheiten herausgenommen hätten. Aber das Gegenteil ist der Fall! Die Qumrantexte belegen, dass die Übersetzer sehr sorgfältig und gewissenhaft gearbeitet haben. Die Textschwankungen sind nicht auf die Übersetzer, sondern auf die etwas andere hebräische Textvorlage zurückzuführen. Prof. Frank Cross von der Harvard-Universität, der weltweit führende Qumranforscher in Sachen Bibelüberlieferung, zu dem spektakulären Fund: Diese Handschriften beweisen ein für alle Mal, dass die Septuagintaübersetzung der historischen Bücher zuverlässig und äußerst wörtlich ihre hebräischen Vorlagen wiedergibt.

Der älteste Bibeltext von Qumran ist ein zwei Handflächen großes Fragment mit Teilen aus dem Buch Exodus (2. Mose). Es stammt aus dem 3. Jahrhundert vor Christus.

Der Psalter ist in Qumran am häufigsten vertreten mit 36 Kopien, gefolgt von dem 5. Buch Mose (Deuteronomium) mit 29 Kopien und

Links: *Der älteste Bibeltext aus Qumran ist dieses Teilstück mit 2. Mose/Exodus (4Q22paleoExod^{m}). Aufgrund der Schriftform datiert man diese Handschrift auf das 3. Jahrhundert v. Chr. Bemerkenswert ist die sog. Paleo-(alt-)hebräische Schrift (eine stark kursive Schriftform), die oft benutzt wurde, um in anderen Texten den heiligen Namen Gottes hervorzuheben.* Rechts: *1979 wurden in Jerusalem zwei Mini-Schriftrollen aus Silber entdeckt. Die Rollen enthalten den sog. Priestersegen aus 4. Mose 6,24–26: »Der HERR segne dich und behüte dich ...« Die Silberrollen stammen aus dem 7./6. Jahrhundert vor Chr. und sind damit heute die ältesten Belege für Worte der Bibel.*

Jesaja mit 21 Kopien. Zu den weltweit führenden Qumranforschern gehörte der im Jahre 2005 verstorbene Professor Hartmut Stegemann. Nach jahrzehntelangem Studium an den Originalen lautet sein Fachurteil über die Bibeltexte von Qumran: »Sie stellen jetzt den jüdischen Kopisten der Zwischenzeit ein Berufszeugnis aus, wie es vorzüglicher nicht sein könnte. Nur für ganz wenige, ziemlich belanglose Kleinigkeiten lassen sich Ungenauigkeiten oder gar Irrtümer feststellen. Den Bibeltext, wie wir ihn aus dem Mittelalter kennen, gab es ebenso auch schon tausend Jahre zuvor.« (Stegemann, *Die Essener*, S. 124)
Darüber hinaus haben die Qumranfunde für die Erforschung des Alten Testaments eine enorme Bedeutung. Stegemann: »Bislang wur-

den einzelne Werke der hebräischen Bibel – nämlich einige Prophetenbücher und insbesondere der Psalter – gelegentlich noch als erst im 2. oder gar 1. Jahrhundert v. Chr. fertiggestellt betrachtet. Jetzt gibt es erstmals Handschriften mit dem gleichen Text wie in der Biblia Hebraica, die eindeutig *älter* sind als solch späte Daten. Sie erfordern ein Umdenken in der alttestamentlichen Einleitungswissenschaft …, das weit über die genannten Beispiele hinausreicht.« (Stegemann, *Die Essener*, S. 125) Der Text des Alten Testaments ist durch die Handschriftenfunde von Qumran in faszinierender Weise belegt worden. Das Fazit lautet: Der Text des Alten Testaments ist hervorragend überliefert. Die Bibel muss nicht neu geschrieben werden!

Hätte die blöde Ziege doch bloß die Rollen aufgefressen …

Waren die biblischen Fragmente etwas leichter zusammenzufügen, da man mit Hilfe einer hebräischen Konkordanz (Nachschlagwerk) eine Zuordnung vornehmen konnte, so war dies bei den nichtbiblischen äußerst schwierig. Es handelt sich dabei um uns unbekannte hebräische Texte, wie Kommentare zu den biblischen Büchern und Lehrschriften einer besonders strengen religiösen jüdischen Gruppe. Mancher Wissenschaftler arbeitet nun schon über 50 Jahre mit den Fragmenten und machte die Erforschung der Überbleibsel der antiken Schriften zu seinem Lebenswerk. Der Kommentar der Ehefrau eines Professors aus dem Rollenteam spricht Bände: »Hätte die blöde Ziege bei der Entdeckung der ersten Höhle doch bloß alle Rollen aufgefressen, wie anders wäre unsere Ehe und unser Leben verlaufen!«

Wem gehörte die Bibliothek?

Nach überwiegender Forschermeinung handelt es sich bei den Qumranrollen um die Bibliothek der »Essener« (= die Frommen). Sie stellten z. Zt. Jesu Christi neben den Pharisäern die zweitgrößte religiöse

Bewegung im antiken Judentum – mit ca. 4000 Mitgliedern – dar (Pharisäer: ca. 6000). Die Essener sind uns u. a. sehr gut bekannt durch die Schriften des jüdischen Historikers Flavius Josephus (37–100 n. Chr.). Ihre Anfänge reichen bis in die Makkabäerzeit zurück (2. Jahrhundert v. Chr.). Die Essener protestierten dagegen, dass unter den Makkabäern der König zugleich das Amt des Hohepriesters innehatte. Deshalb lehnten sie den Dienst im Jerusualemer Tempel ab. Anstelle der in ihren Augen »abtrünnigen« Jerusalemer Tempelkultgemeinde wollten die Essener das »wahre« Israel darstellen. Ihre Mitglieder lebten verstreut im ganzen Land. Sie lebten in Armut, teilten den Ertrag ihrer Arbeit, legten allergrößten Wert auf kultische Reinheit und forschten in den Heiligen Schriften im Hinblick auf das »Ende der Tage«. In der Auslegung und Einhaltung der Thora (mosaische Gesetze) waren sie noch rigoroser als die gesetzesstrengen Pharisäer. Qumran scheint, so die Überzeugung vieler Rollenforscher, ihr geistiges Zentrum gewesen zu sein, es diente u. a. als »Bibel- und Verlagshaus«. Es wird vermutet, dass hier auch viele der Schriftrollen verfasst oder abgeschrieben wurden. Natürlich sind die Bibeltexte viel älter als die Gründung der Qumrangemeinschaft. Die große Jesajarolle wie auch andere Texte haben Essener als Musterschriften zum Abschreiben mitgebracht, vermutlich aus Jerusalem. Während des ersten jüdischen Krieges hatten die Qumran-Essener ihre kostbare Bibliothek vor den herannahenden Römern in den umliegenden Höhlen in Sicherheit gebracht. Ihre Siedlung wurde 68 n. Chr. ein Opfer der Zerstörung durch die römischen Legionäre.

Autor Alexander Schick im Magazin des Rockefeller-Museums (Jerusalem) mit einem der in Qumran entdeckten Tonkrüge. Die hebräische Inschrift nennt den Namen des Besitzers, Johanan Hatilah.

Diese klassische Interpretation der Qumransiedlung wird heute von einigen Forschern in Frage gestellt. Als ich vor einiger Zeit vom ZDF als Berater eingeladen war für die Terra-X-Folge *»Brennpunkt Qumran – Die Schriftrollen vom Toten Meer«*, gab es bei den Besprechungen hitzige Diskussionen um die Interpretation der Siedlung. So soll Qumran keine religiös geprägte Siedlung, sondern eine landwirtschaftliche Dattelplantage, ein Gutshof oder eine Anlage zur Parfümherstellung gewesen sein. Die Schriftrollen aus den umliegenden Höhlen hätten nichts mit der Qumransiedlung zu tun. Sie seien auch nicht in Qumran verfasst worden, sondern während des 1. jüdischen Krieges (um 70 n. Chr.) von Flüchtlingen aus Jerusalem hier versteckt worden. Diese These wird von einigen israelischen Archäologen und deutschen Theologen immer wieder sehr medienwirksam vorgetragen. Doch viele Qumranforscher überzeugen die vorgebrachten Argumente

Rituelles Reinigungsbecken in Qumran. Man beachte die Trennhöcker auf den Stufen. Sie trennten die unreinen Heruntergehenden von den rituell reinen Heraufkommenden.

Blick über die Qumransiedlung in Richtung Süden. Im linken langgestreckten Saal (Schreibsaal?) entdeckte man aus dem 2.Stock herabgestürzte Bänke und Tische sowie unweit davon mehrere Tintenfässer. Auf dem vorderen Plateauausläufer erkennt man links die Reste der Ostmauer, die im vorderen Teil einige der Qumranhöhlen mit dem Komplex der Siedlung verband. Ganz links im Bild: das Tote Meer – auf der anderen Uferseite das Gebirge in Jordanien. Rechts davon befindet sich (im Bild nicht sichtbar) die berühmte Höhle Nr. 4.

nicht. Natürlich hat man in Qumran Dattelkerne gefunden, die Leute dort mussten ja auch essen. Aber aus den Dattelkernen auf eine landwirtschaftliche Siedlung zu schließen, ist sehr gewagt. Auf dem vorderen (südlichen) Qumranplateau konnten keinerlei Wurzelreste von Palmen nachgewiesen werden!

Jedem Touristen fallen bei einem Besuch in Qumran als Erstes die vielen Wasserbecken auf, jüdische Ritualbäder (so genannte Mikvaot). In Qumran wurden mehr rituelle Becken gefunden als anderswo! Dies macht nur Sinn, wenn hier eine besonders stark religiös geprägte Gemeinschaft gelebt hat, denn die Anzahl der Reinigungsbäder ist überproportional zur Größe der Siedlung. Besonders auffallend sind zudem Knochenfunde (Reste von rituellen Mahlfeiern?), die man fein säuberlich in Depots mit dem Geschirr zusammen vergraben entdeckt hat. Diese Funde machen nur Sinn, wenn man die Siedlung unter dem Gesichtspunkt der kultischen Reinheit betrachtet. Von

den Essenern weiß man, dass sie mehr als das restliche Judentum auf rituelle Reinheit bedacht waren. Dies würde auch die vielen Ritualbäder erklären.
Einige der Qumranhöhlen kann man zudem nur erreichen, wenn man durch die Siedlung geht, da sie von der Ostmauer der Siedlung mit eingeschlossen werden, wie man heute bei den Ruinen noch erkennen kann. Zudem wurden in der Siedlung mindestens drei Tintenfässer gefunden, zusammen mit Mobiliar, das einige Forscher als Schreibtische und Bänke interpretieren.
Auf jeden Fall zeigen die Tintenfässer, dass hier mehrere Schreiber am Werke waren. Es sei denn, man behauptet, diese Tintenfässer hätte man lediglich zur Buchführung bei den Abrechnungen für die postulierte Dattelplantage oder für das Erstellen der Parfümrechnungen benötigt. Seit 2002 werden unter Leitung von Dr. Randall Price (USA) neue Ausgrabungen auf dem Qumranplateau durchgeführt. Die neuen Funde aus den Grabungen 2002, 2004 und 2005 deuten auch wieder auf eine religiöse Gemeinschaft hin.
Die jüdische Archäologin und Keramikspezialistin Prof. Jodi Magness (USA) hat eine umfangreiche und auch für den interessierten Laien gut lesbare Studie zur Archäologie von Qumran vorgelegt. Sie kommt dabei zu dem Ergebnis, dass alle vorhandenen Belege die klassische Interpretation der Siedlung als Sitz einer religiösen Gemeinschaft bestätigen. Über die große Medienbeachtung der neuen Theorien schreibt sie: »Die alternativen Interpretationen von Qumran erhalten mehr Publizität als die traditionelle Interpretation.« Als einen der Gründe dafür sieht sie an: »Bücher und Artikel, die suggerieren, dass Qumran keine sektiererische [religiöse] Siedlung war, und solche, die von einer Vatikanverschwörung … reden oder behaupten, dass Jesus in Qumran gelebt hat, erhalten höchste publizistische Beachtung. Das reflektiert unsere medien- und sensationsorientierte Gesellschaft.« (Magness, *The Archeology of Qumran*, S. 15)
Und genau dieser Versuchung ist auch Dan Brown mit seinem Roman *»Sakrileg«* erlegen, wie wir noch sehen werden. Ich selber habe in Gesprächen mit Fernsehmachern leider immer wieder erleben müssen, dass mit Vorliebe *die* Theorie bevorzugt wurde, die hohe

Einschaltquoten versprach. Nach einer Qumransendung, die wieder einmal fälschlicherweise behauptete, dass man in den Qumranhöhlen Schriftrollen mit Geheiminformationen über Jesus entdeckt habe, sagte mir ein leitender Mitarbeiter einer der größten deutschen Fernsehanstalten: »Was wollen Sie denn? Wir hatten eine der höchsten Einschaltquoten mit unserer Qumransendung. Das allein rechtfertigt schon die Thesen unserer Sendung!« Diese Äußerung war kein Einzelfall. Es ist daher für die Öffentlichkeit nicht immer einfach, sich ein eigenes kritisches Bild zu verschaffen, wenn man als hauptsächliche Quellen die öffentlichen Print- und TV-Medien nimmt.

Die wissenschaftliche Diskussion um Qumran wird weitergehen und es werden noch viele Artikel, Bücher und Fernsehsendungen folgen. Doch unabhängig davon, wie man die Funktion der antiken Siedlung nun interpretiert, man vergisst oft darüber, dass die Schriftrollen uns eine einzigartige Reise in die Vergangenheit ermöglichen. Sie machen uns zu Zeitgenossen des antiken Judentums, und es ist dabei gar nicht so entscheidend, ob die Texte aus den Höhlen die ausgelagerte Bibliothek von Qumran darstellen oder Buchrollen, die man von weit hergebracht hat. Fakt ist: Die Schriftrollen gehörten Juden, und 68 n. Chr., spätestens 70 n. Chr., wurden diese Leder- und Papyrusrollen hier versteckt. Doch keiner, der von den versteckten Schriftrollen wusste, hat die Kämpfe mit den Römern überlebt. Die Besitzer der Rollen hatten das Geheimnis der ausgelagerten Bibliothek mit in ihr Grab genommen. So gerieten die Schriftrollen für fast zwei Jahrtausende in Vergessenheit, bis sie im 20. Jahrhundert wieder das Licht der Neuzeit erblicken sollten.

Jesus & Qumran

Die religionsgeschichtliche Bedeutung der Qumranfunde kann gar nicht hoch genug eingeschätzt werden. Es handelt sich um die ältesten bisher erhaltenen jüdischen Schriften, die uns einen Einblick in das theologische Denken der damaligen Zeit ermöglichen. Durch die Qumrantexte fällt auch auf etliche Berichte der Evangelien ein geradezu sensationell neues Licht (siehe S. 76 ff.). Wir werden durch die Funde gleichsam zu Zeitgenossen Jesu Christi und müssen feststellen, wie historisch fest die Evangelienberichte im antiken Judentum verankert sind. Obwohl die Qumrantexte aus der Zeit *vor* dem Wirken Jesu von Nazareth stammen, erhoffte sich die Wissenschaft neue Erkenntnis für die Zeit, in der das Christentum entstanden ist. Verständlich, dass das öffentliche Interesse an den Rollenfunden von Anfang an sehr groß war. Allerdings vermischte sich die Wissenschaft in der Folge häufig mit Phantasie. Die Qumranrollen blieben nicht nur Gegenstand solider Forschung, sondern wurden auch zum Inhalt einer sich wissenschaftlich gebenden polemischen Literatur, welche die Einzigartigkeit Jesu und somit auch das Christentum mit den absurdesten Thesen in Frage stellt. Eine Fülle von unqualifizierten Veröffentlichungen und sensationshungrigen Spekulationen in den Medien stiftete und stiftet noch immer viel Verwirrung. Pure Erfindung und Lüge sind an die Stelle der Forschung getreten. Hypothesen werden zu Wahrheiten verdreht, Meinungen als »sichere« Urteile ausgegeben.

Es gibt keine Vatikanverschwörung und keine »Geheimakte Jesus«!

Am erfolgreichsten war das Buch *»Verschlusssache Jesus«* des Autorengespanns Michael Baigent und Richard Leigh, die zusammen mit Robert Eisenman zu Beginn der 90er Jahre die schwierige und komplizierte Editionsarbeit an den zigtausenden Qumranfragmenten als Produkt einer vatikanischen Verschwörung ausgaben, die angeblich das Ziel hätte, geheime Informationen über Jesus zurückzuhalten. Das Buch wurde ein Welterfolg und verkaufte sich in Deutschland mehrere Hunderttausend Mal. *»Verschlusssache Jesus«* ist eine der Hauptquellen von Dan Browns These einer Vatikanverschwörung in *»Sakrileg«* (S. 323). Auf der offiziellen Webseite Dan Browns (www.danbrown.com) findet man eine Liste der benutzten Literatur. Kein einziges Fachbuch eines Qumranwissenschaftlers befindet sich darunter, aber *»Verschlusssache Jesus«* (engl. *»The Dead Sea Scrolls Deception«*).

Nachweislich hatte der Vatikan nicht eine Minute etwas mit der Herausgabe der Qumranrollen zu tun gehabt (vgl. S. 14 ff.) – dies war bis 1967 Sache der Jordanischen Antikenverwaltung und seit 1967 (Sechstagekrieg) ist dies Angelegenheit der Israelischen Antikenverwaltung! Alle Texte sind der Wissenschaft und jedem Laien zugänglich. Wie wir bereits gesehen haben, erschienen 2001 die letzten Texte in der wissenschaftlichen Editionsreihe »*Discoveries in the Judaean Desert*«. Jeder kann nun selber die Qumrantexte einsehen und muss feststellen, dass nirgendwo in den Schriftrollen Jesus oder eine andere Person des Neuen Testaments vorkommt.

Man muss es immer wieder ganz deutlich betonen: Eine Unterdrückung von Qumranschriften durch den Vatikan hat es nie gegeben! Die Qumranrollen erzählen auch nicht in verschlüsselter Form von Jesus, Paulus oder den Urchristen. Alle Versuche, in den Qumranschriften christliche Dokumente sehen zu wollen, scheitert schon an dem einfachen Sachverhalt, dass die allermeisten Schriften aus dem 3.–1. Jahrhundert vor Chr. stammen, wie paläographische (handschriftliche) Studien belegen. Dies wurde zudem durch zwei unabhängige radioaktive Untersuchungen in Zürich 1991 und Tuscon (Arizona/USA) 1994–95 bestätigt. Dazu Prof. Hartmut Stegemann: »Alle, die die Qumrantexte in die christliche Zeit datieren wollten (und dies tun Baigent/Leigh!), sind damit eindeutig und endgültig ins Unrecht gesetzt worden. Sensationsliteratur, Fernsehsendungen und zahllose Pressemitteilungen gaukeln dem Publikum freilich bis heute angebliche Fakten als gesicherte Erkenntnisse vor, die alles beiseite schieben, was Naturwissenschaft und Paläographie (Handschriftenforschung) längst als unumstößliche Faktengrundlage erarbeitet haben. Tatsächlich gibt es unter den Schriftrollen und sonstigen handschriftlichen Dokumenten aus den Qumranfunden kein einziges Werk, dessen *älteste* uns noch erhaltene Kopie erst in christlicher Zeit, also erst nach dem Auftreten Jesu um 30 n. Chr., angefertigt worden ist. Nur *weitere Kopien* älterer Werke sind noch in der Zeit zwischen 30 n. Chr. und der Zerstörung der Qumransiedlung 68 n. Chr. hergestellt worden. Jede gegenteilige Behauptung entbehrt jeglicher wissenschaftlicher Grundlage.« (Stegemann, *Die Essener*, S. 22)

FAZIT: Schriften, die lange *vor* Jesu Lebzeiten aufgeschrieben wurden, können nun mal keine »Geheiminformationen« über die Urchristenheit oder Jesus enthalten! Prof. Stegemann: »Freilich wäre aus der ganzen *›Verschlusssache Jesus‹* wohl auch nichts geworden, wenn sie die wahre Sachlage erkannt hätten. Ihr Hauptknüller wäre ihnen wie ein aufgeblähter Luftballon zerplatzt. Das Leserpublikum ist solchen Dilettanten schutzlos ausgeliefert. Wie soll man wissen können, dass das Gegenteil dessen richtig ist, was hier behauptet worden ist? Vermutlich … sind [sie] Opfer ihrer eigenen Inkompetenz geworden, die freilich durch nichts zu entschuldigen ist. Der Sache nach ist dieses Machwerk jedenfalls ein faustdicker Betrug.« (Stegemann, *Die Essener*, S. 31) Und weiter: »Das Buch der gelernten Bestsellerautoren Michael Baigent und Richard Leigh ist gekonnt gemacht. Alles wird im Stil eines soliden Sachreports vorgetragen, mit Dokumenten, Nachweisen, Abbildungen und Registern reich bestückt. Das erweckt Vertrauen, wenn auch sehr wenige Leser nachprüfen können, was hier stimmen mag und was nicht, vor allem, was bloß unterstellt oder gar verschwiegen wird … Wer den Vatikan in solcher Weise anprangert, kann stets mit besonderem Interesse rechnen.« (Stegemann, *Die Essener*, S. 25 und S. 29)

Mit auch nur halbwegs seriöser Wissenschaft hat das alles nichts zu tun, wie Prof. Otto Betz und Prof. Rainer Riesner in ihrem Antwortbuch *»Jesus, Qumran und der Vatikan – Klarstellungen«* oder Prof. Hartmut Stegemann in seinem Sachbuch *»Die Essener, Qumran, Johannes der Täufer und Jesus«* gründlich nachgewiesen haben. Ebenfalls sehr empfehlenswert ist die *»Einführung in die Qumranforschung«* des amerikanischen Qumranologen und Mitarbeiters des internationalen Schriftrollenteams Prof. James C. VanderKam. Zusammen mit Peter Flint aus dem Rollenteam veröffentlichte VanderKam zudem das in den USA preisgekrönte – und bisher wohl umfassendste – Qumransachbuch *»The Meaning of the Dead Sea Scrolls: Their Significance for Understanding the Bible, Judaism, Jesus and Christianity«*. In enger Zusammenarbeit mit Prof. Claus-Hunno Hunzinger entstand das Buch von Alexander Schick, *»Faszination Qumran-Wissenschaftskrimi, Forscherstreit und wahre Bedeutung der Schriftrollen vom Toten Meer«*. Alle Bücher zeigen auf: Es

hat nie eine *»Verschlusssache Jesus«* gegeben! Wenn Dan Brown diese alten und widerlegten Thesen nun erneut in millionenfachen Umlauf bringt und dazu noch versichert, dass dies alles »wirklichkeits- bzw. wahrheitsgetreu wiedergegeben« ist, dann ist das ein Skandal!
Aufgrund des unglaublichen Erfolges von *»Sakrileg«* gab es eine so starke Nachfrage im Buchhandel nach *»Verschlusssache Jesus«*, dass das Buch nun im Frühjahr 2006 mit einer Startauflage von 70 000 (!) Exemplaren erneut auf den Buchmarkt gebracht wurde. Michael Baigent hat aufgrund des erneuten Interesses an seinen Büchern gleich noch ein ähnliches Werk *»Die Gottes-Macher«* 2006 veröffentlicht. Man muss kein Prophet sein, um vorherzusehen, dass all diese Titel die Bestsellerlisten wohl leider erklimmen werden, während seriöse Qumranforscher kaum ein Forum haben. Der Bonner Alttestamentler und Qumranwissenschaftler Prof. Heinz-Josef Fabry stellte resignierend fest: »Die Spekulationen um diese Schriftfunde sind … keineswegs abgeklungen. Das löst jedoch nur bei dem Zeitgenossen Erstaunen aus, der sich in der heutigen Gesellschaft nicht auskennt, der nicht weiß, dass auf dem Büchermarkt wie inzwischen auch im Fernsehen … alles Denkbare gemacht wird, sei es auch noch so schwachsinnig … So ist es für Fachleute auf dem Gebiet der Qumranforschung überaus ernüchternd, festzustellen, dass sie sich nun schon seit Jahren auf einem regelrechten Kreuzzug gegen den erklärten Unsinn von Eisenman, [Baigent, Leigh] … und wie sie alle heißen mögen, befinden, dabei aber jedoch nur bewirken, dass deren Bücher mit all ›dem aufgewärmten Zeug‹ um so mehr gelesen werden.« (Fabry, *Qumran*, S. 71)

Über Dan Browns Forscherqualitäten

Der weltweite Erfolg von *»Sakrileg«* führte dazu, dass der Roman auch in einer teueren illustrierten Ausgabe veröffentlicht wurde. Das Werk kommt daher, als liefere es die dokumentarischen Beweise für den Faktengehalt des Romans. Brown schreibt in der Einleitung auf S. 7 dazu: »Die Recherche des umfangreichen historischen Hintergrund- und Bildmaterials zu ›Sakrileg‹ ist für mich eine Entdeckungsreise voller Überraschungen gewesen, die nun mehr darin gipfelt, dass die Fundstücke meiner Arbeit in den Text des Romans eingestreut zu besichtigen sind. Ich hoffe, dass dieses Bildmaterial die Geschichte in ein neues Licht tauchen, neue Fragen provozieren und vor allem bei der Lektüre als unterhaltsames Begleitmaterial dienen wird.«

Auch hier folgt dann seine schon mehrmals erwähnte Behauptung unter der Überschrift »Fakten und Tatsachen«, wo Brown versichert: »Sämtliche in diesem Roman erwähnten … Dokumente sind wirklichkeits- bzw. wahrheitsgetreu wiedergegeben«. (Illustrierte Ausgabe S. 9) Neben dieser Beteuerung sieht der Leser eine antike, geheimnisvoll anmutende Handschrift. Richtig geraten! Bühne frei für Qumran! Die Qumranrollen spielen ja neben den Nag-Hammadi-Funden eine wichtige Rolle bei Dan Brown, sollen doch diese Texte angeblich unbekannte Geheimbotschaften über Jesus enthalten. Und dies soll mit dem ganzseitigen Foto nachdrücklich unterstrichen werden. Was der wenig informierte Leser aber nicht weiß: Die abgebildete Handschrift handelt keineswegs von Jesus; sie ist die berühmte große Jesajarolle, die wir oben ausführlich behandelt haben! Und diese soll Geheiminformationen über Jesus enthalten, obwohl sie aus dem 2. Jahrhundert v. Chr. stammt?

Dan Brown hat völlig Recht, wenn er schreibt: »Ich hoffe, dass dieses Bildmaterial die Geschichte in ein neues Licht tauchen, neue Fragen provozieren und vor allem bei der Lektüre als *unterhaltsames* (!) Begleitmaterial dienen wird«. Die Abbildung ist mehr als *unterhaltsam*, denn sie zeigt:

1. dass Dan Brown offensichtlich keine Ahnung von den Schriftrollen vom Toten Meer hat, dem größten archäologischen Fund aller Zeiten!
2. dass er sich überhaupt nicht bewußt ist, was er dort tatsächlich abgebildet hat! Das Foto zeigt die 6. Spalte aus der großen Jesajarolle mit dem Text aus Jesaja Kapitel 6,7–7,15. Es ist der seit Jahrtausenden überlieferte Bibeltext des Propheten Jesaja, der eine Vielzahl von messianischen Prophezeiungen auf den kommenden Messias enthält, von dem die Schreiber des Neuen Testaments bestätigen, dass diese alttestamentlichen Prophezeiungen sich in Jesus erfüllt

haben – aber eben keine neuen, geheimen Informationen über Jesus bieten!

3. dass er die Qumrantexte schlicht nicht lesen kann! Warum? Der hebräische Text steht auf dem Kopf, was eigentlich jeder Theologiestudent im ersten Semester dem Autor hätte sagen können. Zusätzlich ist alles auch noch spiegelverkehrt abgebildet. Bei so viel Unkenntnis dienen solche Fotos allerdings wirklich als *unterhaltsames* Begleitmaterial! Nebenbei bemerkt: Keiner kann Dan Brown mit dem Einwand entschuldigen, dass sich dieser sichtbare Fehler womöglich erst bei der deutschen Ausgabe eingeschlichen habe. Auch die englische/amerikanische Ausgabe zeigt das Bild spiegelverkehrt und auf dem Kopf stehend! In Browns *»The Da Vinci Code Travel Journal«* ist die Schriftrolle sogar 13 (!) Mal verkehrt abgebildet (incl. dem Cover, dort ist die Schriftrolle so verkehrt und dazu noch überdimensional neben der Mona Lisa abgebildet). Seite 26 in unserem Buch zeigt die Rolle in korrekter Darstellung.

»Getretner Quark wird breit, nicht stark« (Goethe)

Es ist schlimm genug, wenn Dan Brown seine absurden Behauptungen über Jesus und die Qumranrollen millionenfach verbreiten kann, seine Fans dies unkritisch übernehmen und den nachweislich falschen Aussagen Glauben schenken. Mehr als bedenklich wird es aber, wenn sich dann weitere Autoren zu Wort melden mit »Aufklärungsbüchern« über *»Sakrileg«*, die den Unfug noch multiplizieren, statt ihn aus der Welt zu schaffen. Verwundert reibt sich jeder Fachmann die Augen, wenn er z. B. in einem solchen, übrigens sehr erfolgreichen, Antwortbuch liest: »Zu den bekanntesten apokryphen Schriften gehören zum Beispiel die berühmten Rollen von Qumran … [Sie] gehören damit zu den ältesten erhaltenen christlichen Texten … Die Qumran-Rollen enthalten zum Teil tatsächlich bisher unbekannte Details über das Leben und Wirken Jesu …« (Hillefeld, *Ein Code wird geknackt*, S. 21) Dabei enthält kein einziger Qumrantext auch nur andeutungsweise etwas über Jesus, wie wir es bereits mehrmals deutlich gemacht haben.

Daher wollen wir uns noch einmal der Frage zuwenden, wie die Schriftrollen vom Toten Meer helfen können, die Zeit Jesu besser zu verstehen. Obwohl dort nirgendwo Jesus direkt vorkommt, haben diese Schriften eine große Bedeutung für die Erforschung des Neuen Testaments – sie werfen in etlichen Fällen ein neues Licht auf die Evangelien.
In Matthäus 5,43 sagt Jesus: »Ihr habt gehört, dass gesagt ist: Du sollst deinen Nächsten lieben und deinen Feind hassen.« Auch wenn man das Alte Testament, die jüdische Bibel, intensiv nach dieser Stelle durchsucht, wird man dieses Wort so nicht finden. In 3. Mose Kapitel 19, Vers 18 heißt es: »Du sollst deinen Nächsten lieben wie dich selbst; ich bin der HERR.« Für das Gebot des Feindeshasses aber gibt es weder im Alten Testament noch in der jüdischen Traditionsliteratur einen Beleg. Worauf nimmt Jesus hier also Bezug? Ist diese Passage vom Evangelisten Matthäus vielleicht nur erdichtet worden, oder ist diese Aussage korrekt überliefert worden? Wer vertrat so eine Ansicht?
Die Qumrantexte geben darüber Aufschluss und zeigen, dass diese Worte Jesu absolut authentisch überliefert worden sind. In der so genannten »Gemeinderegel«, die das Leben der Essener untereinander genau regulierte, findet sich die Aufforderung zum Feindeshass gleich mehrmals. Die Mitglieder der Gemeinschaft werden darin aufgefordert, »… alle Söhne des Lichtes zu lieben, … aber alle Söhne der Finsternis zu hassen«. Als Söhne des Lichtes verstanden sich die Essener selber. Alle, die nicht zu ihnen gehörten, wurden zu den Söhnen der Finsternis gerechnet. Diese Forderung der Essener nach dem Feindeshass war also allgemein in Israel bekannt. Gegen dieses Gebot des Feindeshasses wendet sich Jesus in der Bergpredigt ganz vehement! Durch die Qumrantexte sind uns die Zeitgenossen Jesu entgegengetreten, die er in der Bergpredigt direkt angesprochen hat. So gesehen sind die Schriftfunde vom Toten Meer ein wahrer Glücksfall. Sie zeigen nämlich, dass die Berichte in den Evangelien und in der Apostelgeschichte einem jüdischen Hintergrund entstammen und historisch korrekt überliefert sind.

Aber diese Texte machen auch deutlich, dass die befreiende Botschaft von Jesus Christus in einem scharfen Gegensatz zu den Lehren der Essener steht, die man mit Asketentum, Gesetzlichkeit, Ritualismus und Exklusivität skizzieren könnte. Bei den Mahlzeiten der Qumranbewohner war es zum Beispiel verboten, dass Krüppel, Lahme oder Blinde daran teilnahmen. Die Evangelien dagegen sind voll von Berichten, die schildern, wie Jesus gerade zu den Kranken und Ausgestoßenen der Gesellschaft geht (Lukasevangelium Kap. 5, Verse 27–32). Undenkbar für die so auf Reinheit bedachten Leute von Qumran! Ein anderes Beispiel: Den Essenern war es verboten, am Sabbat einen Ochsen aus einer Grube zu holen, in die er hineingefallen war. In der so genannten Damaskusschrift steht: »Wenn ein Vieh am Sabbat in einen Brunnen oder eine Grube fällt, so soll man es am Sabbat nicht wieder herausholen.« Auch der Mensch hatte unter dieser rigoros gesetzlichen Interpretation zu leiden. Um den Feiertag nicht zu entheiligen, durfte man dem Verunglückten nicht heraushelfen – lediglich das Zuwerfen eines Strickes war gestattet. Wie anders hat dagegen Jesus gehandelt! Die Essener haben bestimmt gegen Jesu Feststellung gemurrt, dass »der Sabbat um des Menschen willen geschaffen sei und nicht der Mensch um des Sabbats willen« (Markusevangelium Kapitel 2, Vers 27), denn bei dieser Gruppe stand die Sabbatheiligung an erster Stelle.

Lebte Jesus in Qumran?

Die Berichte der Evangelien zeigen eindeutig, dass Jesus nicht nur die Lehren dieser Gemeinschaft, sondern auch ihr Verhalten total ablehnte. Der jüdische Geschichtsschreiber Flavius Josephus berichtet von den Essenern: »Öl halten sie für Schmutz, und wenn einer wider seinen Willen gesalbt worden ist, so wischt er seinen Körper ab. Denn eine rauhe Haut zu haben gilt ihnen als ehrenvoll.« Jesus dagegen ließ sich von Maria in Bethanien mit Nardenöl, dem kostbarsten Öl, das die Antike kannte, salben, weil er sah, dass sie sich nach dem Frieden mit Gott sehnte (vgl. Johannesevangelium Kapitel 12, Verse 1–8).

Der verstorbene Qumranforscher Carsten Peter Thiede (links) und Kuratorin Pnina Shor (2. v. rechts) sowie eine weitere Mitarbeiterin von der Israelischen Antikenbehörde (IAA) bei der Untersuchung eines Schriftrollenfragments. Seit Jahren gibt es ein besonderes Programm bei der IAA, um die empfindlichen und wertvollen Schriftstücke auf Schäden (Bakterien etc.) zu untersuchen und speziell zu konservieren.

Bei einem Vergleich der Qumrantexte mit dem Neuen Testament wird sehr deutlich, dass Jesus niemals ein Mitglied dieser Gemeinschaft war oder gar seine »Lehrjahre« in Qumran verbracht habe. Viele, die sich zum ersten Mal mit den Qumranfunden beschäftigen, sind tief beeindruckt und oft auch verwundert, dass die Sprache der Qumranschriften und die des Neuen Testaments sich nahe stehen. Jesus fordert uns auf, »Söhne des Lichts zu werden« – die Essener bezeichneten sich selber als »Söhne des Lichts«. Nur dürfen diese sprachlichen Ähnlichkeiten nicht darüber hinwegtäuschen, dass die jeweiligen Botschaften sich diametral gegenüberstehen. Die Essener und die frühen Christen waren »bibelfeste« Leute. Sie kannten sich in ihrer Bibel (unserem Alten Testament) bestens aus. Hier liegt der gemeinsame jüdische Mutterboden. Nur die Interpretation der mosaischen Gesetze war eben völlig verschieden. Dazwischen lagen Welten!

Wer die Qumrantexte liest und mit der frohen Botschaft des Neuen Testaments vergleicht, dem wird deutlich: Es sind zwei Welten, die sich gegenüberstehen: dort in Qumran die Welt des Gesetzes und der Gesetzlichkeit, in ihrem Ernst aus eigener Kraft Gott wohlgefällig zu werden – hier in Jesus Christus die Welt der frohen Botschaft mit seiner Verkündigung der Liebe des heiligen Gottes, für die er mit seinem Leben und Sterben selber einsteht. Der Kern der Botschaft Jesu lag völlig jenseits des Horizonts von Qumran.

Die aufgezeigten Unterschiede widerstreiten allen Versuchen, den christlichen Glauben als eine Abart des Essenismus anzusehen oder in Qumran die Wiege des Christentums erblicken zu wollen. Prof. Rainer Riesner weist nachdrücklich darauf hin: »Diese Deutung scheitert vor allem an einem wesentlichen Sachverhalt. Die Rollen vom Toten Meer zeigen, dass in Qumran eine gespannte Erwartung existierte, nicht nur allgemein auf die Wende der Zeiten, sondern auf das Kommen messianischer Gestalten. Für die jüdischen Frommen in Qumran war es nicht bloß fünf, sondern sogar eins vor zwölf. Unter den Qumrantexten findet sich aber kein einziger, der verkündet, was wir bald auf jeder Seite des Neuen Testamentes lesen: Das Warten ist zu Ende, der Messias ist schon da und sein Name lautet Jesus Christus.« (In: Schick, *Faszination Qumran,* S. 110).

Eine Zeitungsanzeige und ein außergewöhnliches Museum

Die Originaltexte und Funde aus Qumran werden heute im Schrein des Buches, einem einzigartigen Museumsgebäude auf dem Gelände des Israel-Museums in Jerusalem, gezeigt. Jedes Jahr besuchen Tausende von Touristen das Rollenmuseum, das in Form eines überdimensionalen Tonkrugdeckels gebaut ist. Im Innersten ist u. a. ein Teilstück der großen Jesajarolle neben anderen bedeutenden Schriftrollen ausgestellt. Das Museum gilt zugleich als eines der atombombensichersten der Welt. Der Staatsschatz Israels wird bestens gehütet und die fragilen Rollen von Spezialisten in aufwendigen Ver-

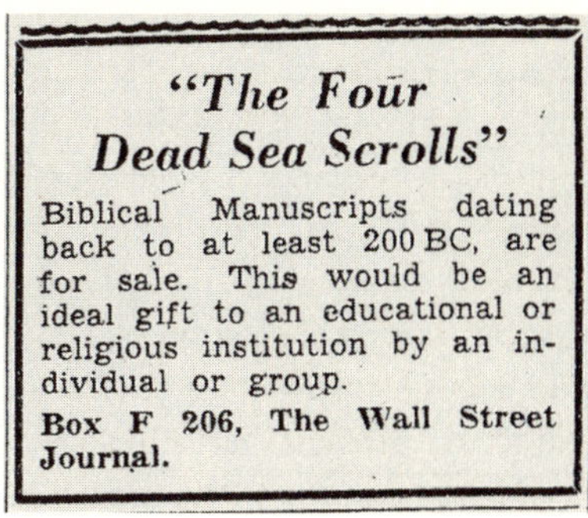

Die wohl berühmteste Zeitungsanzeige der Welt! Im Wall Street Journal vom 1. 6. 1954 bot Bischof Samuel seine vier Schriftrollen zum Verkauf an, darunter die große Jesajarolle. Die Rollen wurden anonym für 250 000 Dollar vom Staat Israel gekauft.

Im Schrein des Buches in Jerusalem werden heute die Schriftrollen vom Toten Meer aufbewahrt. Das Foto zeigt das Innerste des Museums. Das gesamte Gebäude ist eine überdimensionale Nachbildung eines Tonkrugdeckels.

fahren konserviert, damit sie noch späteren Generationen zur Verfügung stehen.

Der Staat Israel hatte übrigens die vier Rollen aus Höhle 1 von Bischof Samuel 1954 für den stattlichen Preis von 250 000 Dollar erworben. Der Bischof hatte sie in einer Anzeige im Wall Street Journal zum Verkauf angeboten.

Im Sommer 2005 sind in Ein-Gedi, südlich von Qumran, erneut Bibelfragmente in einer Höhle unweit des Toten Meeres entdeckt worden. Sie stammen aus Levitikus (3. Buch Mose) und konnten zum Schnäppchenpreis von 3000 Dollar von einem israelischen Professor erworben werden. Warum diesmal so preiswert? Damit die israelische Antikenpolizei nicht den räuberischen Beduinen auf die Spur kam, mussten sie ihren Bibelfund schnell los werden. Der Fund zeigt: Die Sache mit den Schriftrollen bleibt spannend, und mit weiteren Entdeckungen muss gerechnet werden.

5. Er kennt die Fakten nicht!

Interview mit einem Archäologen

Alexander Schick: Dan Brown behauptet, dass die Schriftrollen vom Toten Meer und die Nag-Hammadi-Texte die ersten »wahren« christlichen Texte seien. Sie sollen einen Jesus zeigen, der völlig unterschiedlich von dem Jesus des Neuen Testaments ist. Jesus sei ein normaler Mann gewesen, der mit Maria verheiratet war und ein Kind mit ihr hatte. Stimmen Sie als Experte für antike Handschriften mit solch sensationellen Behauptungen überein?

Prof. Alan Millard: Ganz bestimmt nicht!

Alexander Schick: Haben Sie geheime Botschaften über Jesus in den Qumrantexten gefunden? Dan Brown behauptet ja, dass die »Schriftrollen ... vom Toten Meer die frühesten Dokumente des Christentums« seien (S. 337).

Prof. Alan Millard: Das ist einer der besonders großen Fehler in *»The Da Vinci Code«*. Der Mensch, der behauptet, dass die Schriftrollen vom Toten Meer christliche Texte seien, hat einfach keine Ahnung, worüber er spricht. Die Schriftrollen gehörten zu einer besonders strengen jüdischen religiösen Gruppe, die darauf warteten, dass der Messias kommen wird. Die christliche Botschaft ist klar: Der Messias ist gekommen.

Alexander Schick: Wie können wir sicher sein, dass Jesus nicht mit Maria verheiratet war?

Prof. Alan Millard: Die vier Evangelien geben keinen Hinweis, dass Maria Magdalena irgendein anderes besonderes Verhältnis zu Jesus hatte als die anderen Frauen

Prof. Alan Millard

in seinem Jüngerkreis. Das Philippus-Evangelium sagt nicht, dass sie die Frau von Jesus war. Die Passage, die sich auf Maria, Jesus und einen Kuss bezieht, ist beschädigt. Selbst wenn es ein Kuss war, dann war es mehr ein Begrüßungskuss als ein sexueller Kuss, da die Gnostiker sexuellen Kontakt verachteten.

Alexander Schick: Dan Brown behauptet, dass es keine neutestamentlichen Handschriften aus der Zeit vor Konstantin gegeben habe und dass dieser alle früheren Handschriften vernichten ließ, um die Sicht auf den »wahren« Jesus, also den verheirateten Familienvater, zu unterdrücken. Entspricht das den geschichtlichen Fakten? Haben wir keine Handschriften aus der Zeit *vor* Konstantin?

Prof. Alan Millard: Das ist eine Behauptung von jemandem, der einfach ungebildet ist und die Fakten nicht kennt! Es gibt Handschriften von Büchern des Neuen Testaments in Griechisch oder Teile von Büchern, die in der 2. Hälfte des 2. Jahrhunderts oder im 3. Jahrhundert abgeschrieben worden sind, also in der Zeit vor Konstantin. In meinem Buch *»Pergament und Papyrus, Tafeln und Ton«*, habe ich im Einzelnen über diese Handschriften berichtet. Es ist doch mehr als bemerkenswert, dass wir so viele Handschriften mit Teilen des Neuen Testaments aus so früher Zeit besitzen. Wenn wir die griechischen und römischen Werke betrachten, die auf uns gekommen sind, wie von Julius Cäsar, Tacitus und anderen, dann stellen wir fest, dass uns hier nur Abschriften aus späterer Zeit erhalten sind, dem späten 7.–9. Jahrhundert n. Chr., bis auf ein paar Fragmente der griechischen Schreiber aus früherer Zeit. Das Neue Testament ist hingegen viel besser belegt! Und wenn wir die einzelnen Handschriften miteinander vergleichen, dann sehen wir, dass keine der Textvarianten auch nur eine der Hauptlehren des christlichen Glaubens betrifft. Alle Manuskripte stimmen in den zentralen Themen des Glaubens überein! Die Textvarianten betreffen im Allgemeinen die übergeordnete Grundaussage eines Textes nicht.

Alexander Schick: Könnten Sie ein Beispiel für eine auffällige Textvariante geben?

Prof. Alan Millard: In einigen frühen Handschriften, wie z. B. dem Codex Vaticanus, lautet der Name des Mörders, der von Pilatus statt Jesus freigelassen wird, nicht nur *Barabbas,* sondern *Jesus Barabbas.* Es ist offensichtlich – einige frühe Schreiber empfanden dies als Blasphemie oder als respektlos, und so strichen sie *Jesus* vor *Barabbas* aus und ließen den Namen einfach als *Barabbas* stehen.

Alexander Schick: Zu Ihren Forschungsschwerpunkten gehört die Frage: »Wie stand es um das Lesen und Schreiben zur Zeit Jesu?«. Auch das ist ja wichtig, wenn wir etwas wissen wollen über den authentischen Jesus und die Frage, wie er überliefert wurde.

Prof. Alan Millard: Einige Forscher behaupten heute, dass Jesus und seine Jünger einfache Leute aus Galiläa waren, die nicht in der Lage gewesen seien, zu lesen oder zu schreiben. Es ist nun aber klar, dass viele Menschen im 1. Jahrhundert lesen und schreiben konnten. Unter den Jüngern Jesu war Matthäus, ein Steuereintreiber, der ganz bestimmt auch lesen und schreiben konnte. Er hatte höchstwahrscheinlich ein Set einer hölzernen Schreibtafel bei sich, deren einzelne Teile mit Wachs beschichtet waren. So konnte er Aufzeichnungen machen: Dieser hat seine Steuern bezahlt, jener hat sie nicht bezahlt. Eines der Gleichnisse, die Jesus erzählt, handelt von dem ungerechten Verwalter (Lukasevangelium Kapitel 16, Verse 1–9), der die Schuldner seines Herrn auffordert, sich zu setzen und im Schuldbrief die Beträge zu ändern: von hundert Bat Öl auf fünfzig bzw. von hundert Kor Weizen auf achtzig. Dies setzt voraus, dass der Schuldner schreiben konnte. Wir haben aus einer der Höhlen am Toten Meer einen Schuldbrief

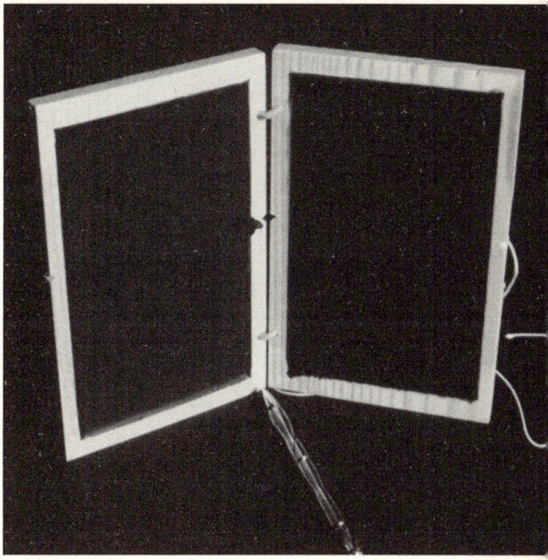

Schreibtafel (Pinax) aus Holztafeln, deren Vertiefung mit Wachs gefüllt war (Nachbildung). Mit einem Griffel konnte man in das weiche Wachs schreiben.

aus der Zeit von Kaiser Nero – also nicht sehr weit von der Zeit entfernt, wo Jesus gelehrt hat –, der uns zeigt, dass Menschen zu jener Zeit tatsächlich solche Schuldbriefe schriftlich abgefasst haben. Das ist für mich ein weiterer Beleg, dass Jesus und auch einige seiner Jünger schreiben und lesen konnten.

Alexander Schick: Es ist also mehr oder weniger ein haltloses historisches Vorurteil, wenn man annimmt, dass erst Intellektuelle der Nach-Jesus-Generation mit der Kulturtechnik des Schreibens eine schriftunkundige Jesuszeit bearbeitet haben. Belegen nicht auch gerade die sensationellen Funde aus der Felsenfestung Masada am Toten Meer, dass das Lesen und Schreiben zur Zeit Jesu weiter verbreitet war, als oft angenommen wird?

Prof. Alan Millard: Im Palästina des 1. Jahrhunderts gab es sogar einfache Menschen, die Lateinkenntnisse hatten. Auf Masada kam eine große Anzahl beschrifteter Tonscherben ans Tageslicht, auf denen mehrheitlich aramäische, hebräische und griechische Texte zu finden sind. Einige waren Bruchstücke von großen Weinkrügen. Diese Amphoren waren speziell beschriftet: C. SENTIO SATURNINO CONSULE PHILONIANUM DE L. LAENI FUNDO REGI HERODI IUDAICI: »Im Konsulat von C. Sentius Saturninus, philonischer Wein vom Anwesen des L. Laenius, für den jüdischen König Herodes.«

Alexander Schick: Kaum vorzustellen! Da schickt ein römischer Weinbauer sein edles Getränk von seinem Weingut aus Italien in die jüdische Provinz mit der Aufschrift an den »jüdischen König Herodes«, und die Sendung kommt in der total entfernt gelegenen Festung am Toten Meer an. Das konnte doch nur funktionieren, wenn die Leute auch lesen konnten.

Prof. Alan Millard: Die Weinhändler oder Spediteure in Italien schrieben natürlich in ihrer eigenen Sprache. Wenn der Wein den Keller des Herodes erreichte, musste zumindest sein persönlicher Diener genug Latein können, um die Weinsorten auszuwählen, die sein König haben wollte.

Alexander Schick: Es gab doch sogar eine Art Maggi-Sauce, die auf Masada in einem beschrifteten Krug entdeckt wurde?

Prof. Alan Millard: Ein Krug, den man fand, war mit GARUM beschriftet, »Salzfisch-Soße«, gefolgt von »des Königs« in Griechisch. Gräten kleiner Heringe und einige Sardellen, die man in einem anderen Gefäß fand, scheinen Überreste der Herstellung von *garum* zu sein, das als Paste zu manchen Gerichten gereicht wurde. Ein anderes Gefäß trug die Markierung für *mel*, »Honig«, und ein drittes für *mala*, »Äpfel«, mit *cum* in der nächsten Zeile, was vermutlich für CUMANA steht, d. h. aus Cumae. Wehe, wenn der Diener unfähig gewesen wäre, die Worte zu unterscheiden, und dem Tyrannen statt einer pikanten Speise Süßigkeiten oder die Früchte serviert hätte!

Alexander Schick: Nun kann man einwenden, dass ein Diener des Königs natürlich lesen können musste. Gibt es archäologische Funde, die zeigen, dass dies auch für andere Bevölkerungsschichten gilt?

Prof. Alan Millard: Der Lebensstil des Herodes war nicht allein auf ihn beschränkt, wie die importierten Ton- und Glaswaren offenbaren, die man in Häusern gutsituierter Bürger in Jerusalem gefunden hat. Auch sie tranken ausländische Weine, denn man hat Amphorenhenkel ausgegraben, die lateinische Stempel trugen; einer »aus den kaiserlichen Töpfereien«.

Alexander Schick: Wir haben es also mit einer mehrsprachigen Gesellschaft zu tun?

Prof. Alan Millard: Masada ist der Ort, der zu diesem Thema am meisten beigetragen hat. Es sind die von den Aufständischen hinterlassenen Ostraka, also Tonscherben und Kurzbeschriftungen, die am deutlichsten von der Mehrsprachigkeit zeugen. Auf Masada gab es Menschen, die dreierlei Schriften benutzten und in drei Sprachen schreiben konnten. Im herodianischen Palästina wurde, so viel ist jetzt klar, nicht nur das einheimische Semitisch, Hebräisch und Aramäisch ge-

Beschriftete Tonscherben (Ostraca) aus Masada.

schrieben, dazu etwas Nabatäisch, sondern es gab auch Bücher und Dokumente in Griechisch und Latein.

Alexander Schick: Man wird doch auch die synagogale Ausbildung mit berücksichtigen müssen?

Prof. Alan Millard: Die Lese- und Schreibfähigkeit in der jüdischen Gesellschaft unterschied sich in bemerkenswerter Weise von jener der griechisch-römischen Gesellschaft, weil es eine starke Tradition gab, alle Männer so auszubilden, dass sie zumindest in den Synagogengottesdiensten aus den heiligen Schriften vorlesen konnten. Theoretisch wurde das von jedem männlichen Juden erwartet. Der Jerusalemer Talmud berichtet über die Regelung des Simeon ben Schetach um 100 v. Chr., dass alle Kinder zur Schule gehen sollten.

Alexander Schick: Welche Schlussfolgerung ziehen Sie daraus für die Evangelienbildung?

Prof. Alan Millard: Die weite Verbreitung der Schreibkunst im herodianischen Palästina und ihr Gebrauch in allen Angelegenheiten des täglichen Lebens deutet darauf hin, dass der Rolle, die sie bei der Bewahrung von Informationen über Jesus von Nazareth von seinen Lebzeiten an und bei der Bildung der Evangelientradition spielte, ein weit größeres Gewicht zugestanden werden sollte als bisher üblich.

Alexander Schick: Sie kommen als Wissenschaftler zu einem völlig anderen, viel besseren Urteil über die Evangelienüberlieferung als Dan Brown, dem so viele Leser ihren Glauben schenken. Wenn die Behauptungen von Dan Brown so unbegründet sind und die Leser völlig falsch informiert werden, warum glauben Sie, hat dieses Buch einen solchen Erfolg?

Prof. Alan Millard: Dan Brown ist ein erfolgreicher Schreiber, der einen Roman verfasst hat, ungeachtet der Fakten. Warum sollte auch ein Romanschreiber wahre Geschichte präsentieren? Das Problem ist, dass er am Beginn des Buches die Behauptung historischer Faktentreue (S. 9) aufstellt. Es glaubt dann der nicht informierte Leser, was Brown so nebenbei eingestreut sagt, selbst wenn er die Romangeschichte sonst für Fiktion hält.

Alexander Schick: Welchen Ratschlag würden Sie unseren Lesern geben, um ein fundiertes Wissen in solch wichtigen Fragen zu bekommen?

Die Felsenfestung Masada am Südwestufer des Toten Meeres. Hier kämpften jüdische Aufständische bis 73/74 n. Chr. gegen die Römer. Die Funde von Masada belegen eindrücklich die Mehrsprachigkeit in Israel im 1. Jh. n. Chr.

Prof. Alan Millard: Man sollte solche Standardwerke lesen wie das Buch von Frederik F. Bruce: »*Das Neue Testament, glaubwürdig, wahr, verlässlich*«.

Alexander Schick: Und natürlich auch Ihre faszinierende Studie »*Pergament und Papyrus, Tafeln und Ton*«, die in der Fachwelt in den höchsten Tönen gelobt wurde! Herr Prof. Millard, haben Sie vielen Dank für das Gespräch.

Dr. Alan Millard ist Ranking Professor Emeritus für Hebräisch und antike semitische Sprachen (School of Archaeology, Classics and Egyptology) an der Universität Liverpool in England. Er ist Verfasser einer Vielzahl von Werken, die aus biblisch-archäologischer Sicht der Frage nachgehen, wie gut die Bibel überliefert ist. Auf Deutsch sind u. a. von Prof. Millard erschienen: »Schätze aus biblischer Zeit. Wertvolle Funde aus biblischer Zeit – ihre Entdeckungsgeschichte – ihre Bedeutung« (Gießen 1994); »Schätze aus biblischer Zeit. Die Zeit der ersten Christen – Ausgrabungen – Funde – Entdeckungen« (Gießen 1994); »Pergament und Papyrus, Tafeln und Ton – Lesen und Schreiben zur Zeit Jesu« (Gießen 2000).

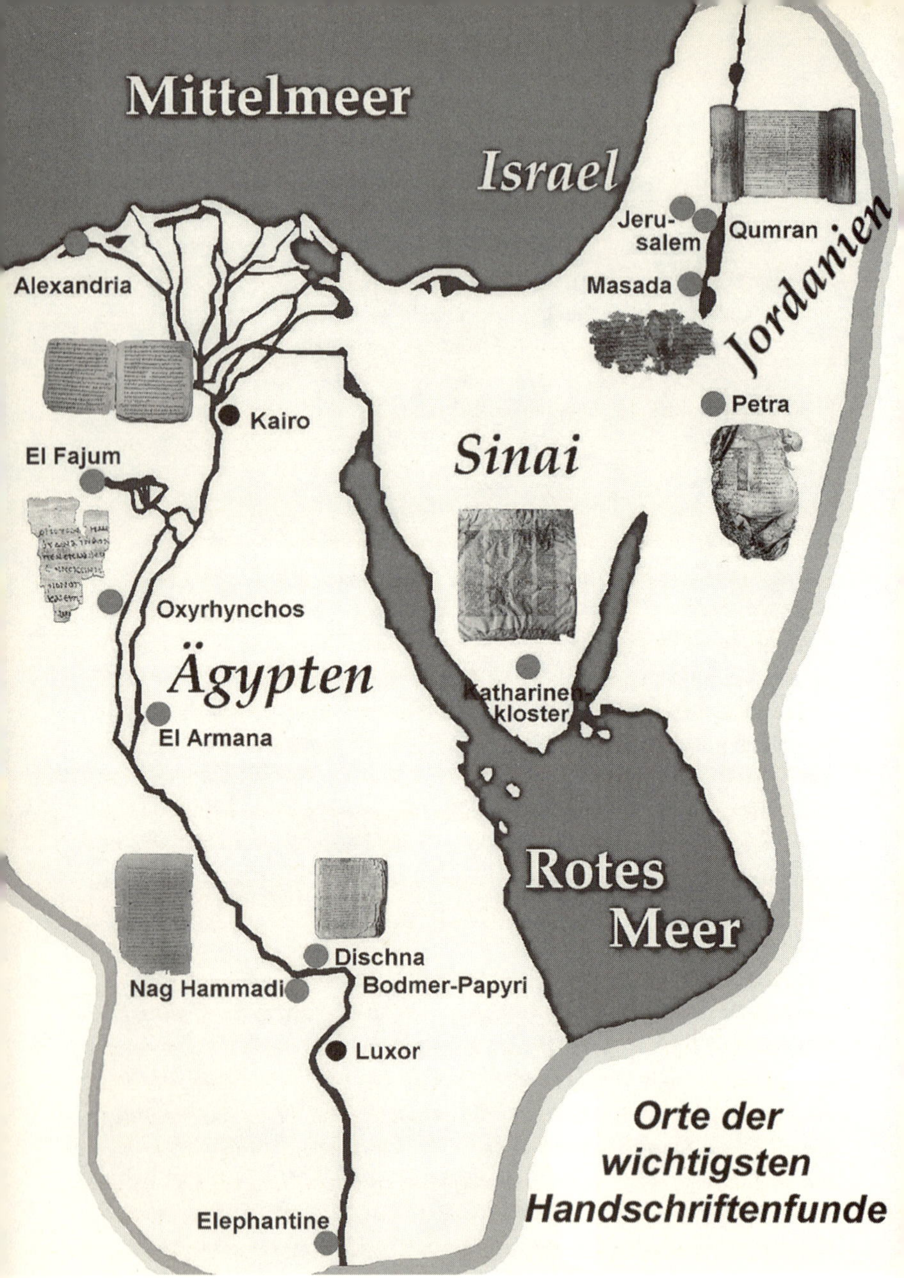

Orte der wichtigsten Handschriftenfunde

6. Der Schatz aus der Wüste

Die abenteuerliche Suche nach dem wahren Bibeltext

Dan Brown weckt das nachhaltige Interesse des Lesers an der Überlieferungsgeschichte der Bibel; er macht daraus eine tolldreiste Kriminalgeschichte mit den Ingredienzien Lüge, Fälschung, Verrat und Betrug. Dass wir heute genaue Kenntnis über den Umgang der frühen Christen mit ihren heiligen Texten haben, ist selbst ein Krimi – und eine Abenteuergeschichte, wie sie Dan Brown nicht besser hätte erfinden können.

Die Handschrift aus dem Abfallkorb

Wie sah die Bibel zur Zeit Konstantins aus? Welchen Text hatten die Handschriften im 4. Jahrhundert? Diese Frage können wir sehr genau beantworten, denn im 19. Jahrhundert machte der Leipziger Forscher Konstantin von Tischendorf einen sensationellen Fund im entlegenen Sinai, der so bedeutsam ist wie sonst nur noch die Entdeckung der Qumranrollen. Leider sind die Forschungen dieses herausragenden Gelehrten fast nur noch in Fachkreisen bekannt, dabei sind seine Entdeckungen auch heute noch eine unverzichtbare Grundlage, auf der alle Ausgaben des griechischen Alten und Neuen Testaments beruhen.
Tischendorf (1815–1874) hatte sich bereits in jungen Jahren großen Ruhm mit der akribischen Sichtung und Auswertung von alten Bibelhandschriften erworben. Seine textkritischen Arbeitsmethoden setzten neue Maßstäbe in der Wissenschaft. Er wollte weg von den Handschriften des Mittelalters, die bis dahin die Textgrundlage des griechischen Neuen Testaments waren. Seine Überlegung war: *Je älter eine Handschrift ist, je näher sie an die Abfassungszeit der Originalschriften des Neuen Testaments reicht, umso vertrauenswürdiger ist sie.* Je geringer der Abstand zwischen Original und Abschrift ist, umso geringer die Ge-

Konstantin von Tischendorf (1815–1874) gilt als der Vater der modernen Textforschung. Seine Arbeiten und Entdeckungen zum Neuen Testament haben bis heute Geltung. 1844 entdeckte er im Katharinenkloster die ersten Blätter des Codex Sinaiticus und 1859 das gesamte Neue Testament.

fahr, dass der Text Veränderungen erfuhr. »Natürlich bürgt auch das hohe Alter noch nicht einfach für Zuverlässigkeit, aber dass man zunächst von den ältesten Handschriften ausgehen müsste, das stand für Tischendorf fest« (Böttrich, *Tischendorf-Lesebuch*, S. 16).

Bereits mit 25 Jahren gab er seine erste textkritische Ausgabe des griechischen Neuen Testaments heraus. Bis zum Ende seines Lebens sollten 20(!) weitere Auflagen folgen, denen vier Hauptrezensionen (Textüberarbeitungen) zugrunde lagen. Seine »*Editio Octava Critica Maior*« ist auch heute noch ein wichtiges Werkzeug in der Hand jedes Textforschers. International bekannt wurde Tischendorf durch die Entzifferung des so genannten »*Codex Ephraemi Rescriptus*« in der Pariser Nationalbibliothek. Diese Pergamenthandschrift war zweimal beschrieben worden (ein so genannter »Palimpsest«, siehe S. 144 f.). Zuerst im 5. Jahrhundert mit einem griechischen Bibeltext. Sieben Jahrhunderte später wurde der Bibeltext abgewaschen, da Pergament kostbar war, und dann mit einer Abhandlung des Syrers Ephraem erneut beschrieben. Keiner konnte den nur noch leicht schimmernden Bibeltext unter dem zweiten Text des 12. Jahrhunderts lesen. 1840 machte sich Tischendorf an die Entzifferungsarbeit. Er wurde nur mitleidvoll belächelt. Zwei Jahre später hatte er den verloren geglaubten Bibeltext komplett entziffert. Bis heute eine unglaubliche Meisterleistung! Zeitlebens war er für die Sehschärfe seiner Augen berühmt. Er konnte selbst da noch Buchstaben lesen, wo andere nichts mehr sahen – was heute erst mit moderner Technik möglich ist. Die Veröffentlichung dieser Handschrift 1843–45 war eine Sensation! Damit stand zum ersten Mal der Text des Neuen Testamentes in einer Handschrift des 5. Jahrhunderts für die Forschung zur Verfügung.

Eine noch ältere Handschrift befand sich seit 1475 im Vatikan, der schon damals berühmte *Codex Vaticanus* (Codex = Buch/Vaticanus = im Vatikan aufbewahrt) aus der 1. Hälfte des 4. Jahrhunderts (um 325 n. Chr.). Diese Bibel enthält den Text des Alten Testaments bis auf wenige Teile in der griechischen Übersetzung (so genannte Septuaginta) sowie große Teile des Neuen Testaments (der Text bricht ab beim Hebräerbrief 9,13; es fehlen: 1. und 2. Timotheusbrief, Titus- und Philemonbrief, Geheime Offenbarung). Der Text dieser bis dahin ältesten Bibelhandschrift war nur mangelhaft bekannt. Der Vatikan verweigerte Tischendorf 1843 eine genauere Untersuchung, aber nicht weil die römisch-katholische Kirche etwas zu verheimlichen hätte, wie Dan-Brown-Fans jetzt mutmaßen könnten, sondern weil der Präfekt der *Biblioteca Apostolica Vaticana* selbst eine Textausgabe herausbringen wollte. Der Vatikan gestattete Tischendorf nach zähen Verhandlungen nur einen kurzen Einblick in die Handschrift.

Nachdem Tischendorf die Bibliotheken in Straßburg, St. Gallen, London, Cambridge, Oxford, Basel, Bern, Genf, Lyon, Avignon, Rom, Florenz, Neapel, Venedig, Mailand, Turin – um nur einige zu nennen – aufgesucht hatte, wandte er sich dem Orient zu. Könnten nicht in den dortigen Klöstern noch alte Manuskripte zu finden sein? Immerhin entstand das Christentum im Orient. So brach Tischendorf 1844 zu einer nicht ungefährlichen Orientreise auf. Sein Ziel: das weltbekannte Katharinenkloster, das seit dem 6. Jahrhundert am Fuß des Djebel Musa, des Moseberges im Sinai stand (der Tradition nach der Ort, wo Mose die *Zehn Gebote* empfangen haben soll). Das Kloster war aufgrund seiner entlegenen Lage nie zerstört worden.

Von Suez aus ging es mit einer Kamelkarawane in die Wüste Sinai. Ich durfte schon viele Male als Studienreiseleiter mit Gruppen zum Kloster reisen, und jedes Mal freue ich mich über die herzliche Aufnahme bei den Mönchen. Heute gelangt man mit modernen Reisebussen zum Kloster. Von so einer komfortablen Reise konnte Tischendorf

Das Katharinenkloster am Fuße des Moseberges im Sinai stammt aus dem 6. Jahrhundert n. Chr. und besitzt eine weltberühmte Bibliothek

nur träumen! Doch ich muss gestehen: Die faszinierendste Reise war eine tagelange Durchquerung des Sinai auf Kamelen, ohne die Annehmlichkeiten der modernen Zivilisation. Wir lebten mit den Beduinen und schlugen unser Lager in der Weite der Sinaiwüste auf, wenn es Abend wurde. Das Lagerfeuer, die sternenklare Nacht, das Brüllen der Kamele – unvergessliche Momente! Das Gesäß machte sich nach tagelangem Kamelritt bemerkbar … So muss sich auch Tischendorf gefühlt haben.

Nach zwölf Tagen hatte er das ehrwürdige Kloster erreicht. Tagelang durchsuchte er die verstaubte Bibliothek. Ihr Zustand war erbärmlich. So berichtet Tischendorf, dass durch einige der Pergamente Madenwürmer gekrochen seien, andere wären zusammengeklebt gewesen wie ein Brikett. Tischendorf war geschockt. Am Tag vor seiner Abreise sah er, dass aus dem Abfallkorb der Bibliothek 129 großformatige Pergamentblätter (38 x 33 cm) hervorlugten, die sich als Seiten aus einer griechischen Bibel des frühen 4. Jahrhunderts n. Chr. herausstellten (ca. 350 n. Chr.)! Sie sollten »entsorgt« werden, da keiner der Mönche die alte Schrift mehr lesen konnte. Einige Körbe mit diesem »Altpapier« seien schon verbrannt worden, teilte ihm der Verwalter des Klosters mit. Die Blätter enthielten Teile des Alten Testaments in griechischer Sprache (so genannte Septuaginta). In letzter Minute konnte Tischendorf einen einzigartigen Bibelschatz vor der Vernichtung durch die Feuerflammen retten.

Aber hat Tischendorf die Handschrift wirklich in einem Papierkorb entdeckt? Die Mönche verneinen dies heute energisch. Als ich mit Father Justin, dem Bibliothekar des Katharinenklosters, diesen Punkt diskutierte, wurde ich in die Bibliothek des Klosters geführt. Dabei zeigten mir die Mönche einen solchen alten Korb mit der Bemerkung: »Darin wurden damals die Handschriften aufbewahrt; aber wir haben keine verbrannt.« Wie jedoch etliche Reiseberichte des 19. Jahrhunderts bestätigen, scheint Tischendorf die Verhältnisse recht zutreffend geschildert zu haben.

43 Blätter der Handschrift durfte Tischendorf mitnehmen. Diese veröffentlichte er unter dem Namen *»Codex Friderico Augustanus«* (benannt nach dem damaligen sächsischen König – heute in der Universitätsbibliothek Leipzig). Tischendorf bat bei der Abreise die Mönche, die zurückgelassenen Blätter gut zu verwahren und nach dem Rest der Handschrift Ausschau zu halten. Schon bei der Abreise aus dem Kloster stand für ihn fest, dass er hierher zurückkommen würde. 1853 besuchte er zum zweiten Mal das Kloster, doch an die Handschrift konnte sich keiner der Mönche mehr erinnern. Lediglich ein kleines Bruchstück entdeckte er als Lesezeichen (!) in einer mittelalterlichen Handschrift. Sollte die alte Bibel verloren sein? Der Gedanke ließ Tischendorf nicht los, und 1859 brach er zu einer 3. Orientreise auf, diesmal im Auftrag des russischen Kaisers Alexander II., der zugleich Schutzherr des Klosters war. Der 4. 2. 1859 wurde dann zu

In einem solchen Korb entdeckte Tischendorf 1844 die ersten Blätter der alten Bibelhandschrift

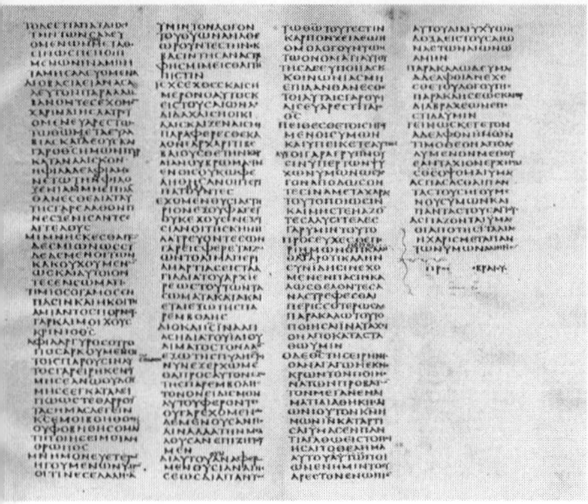

Eine Seite aus dem Codex Sinaiticus mit dem Ende des Hebräerbriefes. Die Blätter haben eine Größe von 38 x 33 cm. 350 Ziegenhäute wurden zur Herstellung des Pergaments benötigt. Der Text ist fortlaufend in großen Buchstaben (Majuskeln) geschrieben und in vier Spalten unterteilt. Der Codex stammt von 350 n. Chr.

einem der Glückstage der Bibelforschung. Nur wenige Stunden vor seiner Abreise wurden Tischendorf von einem Mönch die vermissten Blätter gezeigt. Er hatte sie in seiner Klosterzelle aufbewahrt. Aber es waren nicht nur die 86 zurückgelassenen Blätter, sondern insgesamt 346! Neben großen Teilen des Alten Testaments hielt Tischendorf das *gesamte* Neue Testament in seiner Hand. Als er 1862 im Auftrag des russischen Kaisers diese Handschrift unter dem Namen *»Codex Sinaiticus Petropolitanus«* veröffentlichte, war das die Sensation! Seine Faksimile- und Textausgaben gingen weg wie warme Semmeln. Jeder wollte wissen, was in der ältesten Bibel denn nun genau steht. Und da gab es schon Überraschungen!

Frieden auf Erden und den Menschen ein Wohlgefallen?

Eine der berühmtesten Textvarianten findet sich in Lukas 2,14. Im alten Luthertext wird die Weihnachtsbotschaft der Engel an die Hirten zu Bethlehem so übersetzt: *»Ehre sei Gott in der Höhe und Friede auf Erden und den Menschen ein Wohlgefallen!«* In der revidierten Lutherbibel steht hingegen: *»Ehre sei Gott in der Höhe und Friede auf Erden bei den Menschen seines Wohlgefallens!«* In katholischen Übersetzungen kann man sogar noch eine dritte Version lesen: *»Ehre sei Gott in der Höhe und Frieden auf Erden bei den Menschen guten Willens!«* Das sind natürlich drei unterschiedliche Aussagen. Die katholische Tradition fußt auf der lateinischen Bibel (die so genannte Vulgata), die hier übersetzt: »bona voluntas«. Bei ihr ist nicht vom »Wohlgefallen«, sondern »vom guten Willen« die Rede. Heute weiß man aber, dass der ursprüngliche Text gelautet haben muss: *»… Friede auf Erden bei den Menschen des Wohlgefallens!«* Wie wir die Engelsbotschaft verstehen, hängt im griechischen von einem einzigen Buchstaben ab. Heißt es hier »eudokia«, dann muss man das Wort im Nominativ mit »Wohlgefallen« übersetzen. So steht es auch im *Sinaiticus.* Aber eine genaue Prüfung zeigte, dass hier ein Korrektor ein »s« am Ende des Wortes ausgetilgt hatte. Die ursprüngliche Lesart lautete also: »eudokia*s*«. Hier haben wir den Genitiv und der muss übersetzt werden: *»des* Wohlgefallens«.

Was das nun genau inhaltlich bedeutet, konnte endgültig durch die Qumranrollen geklärt werden. Wir kennen nun die hebräische Ausdrucksweise, die hinter dem griechischen »en antropois eudokias« steht. In der Lobliederrolle aus Höhle 1 taucht die Wendung *»Menschen des Wohlgefallens«* fast wörtlich auf. Zweimal ist in dem Qumrantext von »Söhnen seines – nämlich Gottes – Wohlgefallens« die Rede. Gemeint sind nach dem dortigen Zusammenhang ganz eindeutig Menschen, *an denen Gott Wohlgefallen hat, die er erwählt und berufen hat* (vgl. Schick, *Faszination Qumran*, S. 126 f.). In diesem Sinne gibt auch die Brunsbibel diese Stelle ganz hervorragend wieder: *»Herrlichkeit ist bei Gott in den Höhen der Himmel, und Friede ist auf Erden unter den Menschen, an denen Gott Wohlgefallen hat!«* Das ist inhaltlich eine sehr wichtige Erkenntnis, denn es geht bei dem Lobgesang der Engel nicht um einen allgemeinen Weltfrieden (auch wenn das viele Weihnachtspredigten behaupten). So einen Weltfrieden gab es weder zur Zeit Jesu noch heute. Der Friede Gottes wird vielmehr bei all dem Hass und Streit in der Welt denen verheißen, auf denen Gottes Wohlgefallen ruht, die sich seiner Friedensbotschaft öffnen, aus der Vergebung leben und die dann selber zu Friedensstiftern werden.

Auch der »*Vaticanus«* hatte an dieser Stelle »eudokias« stehen. Ein späterer Bearbeiter machte dann einen »allgemeinen Weltfrieden« aus dieser Botschaft, als er sich die Freiheit herausnahm, »dieses Schluss-s einfach auszustreichen. Die sichtbaren Spuren dieser Tilgung lassen uns noch heute den ursprünglichen Text erkennen« (Köster/Welte, *Die Bibel: Katalog,* S. 182/mit Textabbildungen).

Die Variante von Lukas 2,14 ist berühmt, weil nun in der Weihnachtsbotschaft der ursprüngliche Sinn wieder erkannt wird – und so kann man die Begeisterung über Tischendorfs Entdeckung des »*Codex Sinaiticus*« gut nachvollziehen. Mit aller Deutlichkeit muss aber auch gesagt werden: Trotz solch wichtiger Varianten, die helfen, den Urtext im Detail wiederherzustellen, bietet diese alte Bibelhandschrift *kein* anderes Bild über Jesus als das bekannte! Hier finden sich dieselben Berichte über Jesu Leben, seine Wunder, seine Kreuzigung, seinen Tod und seine Auferstehung, wie in den späteren Handschriften auch!

Virtuelle Vereinigung

Die Mönche schenkten die Handschrift 1869 dem Zaren, der dem Kloster wiederum 9000 Rubel zukommen ließ. Bis 1933 lag der »*Sinaiticus*« in St. Petersburg. Dann verkauften die Sowjets die Bibel für 100 000 Pfund an das Britische Museum. Es war der höchste Preis, der bis dahin für ein »altes« Buch bezahlt worden war. Heute wird der »*Sinaiticus*« in der British Library als größter Schatz gehütet. Im

1975 wurden im Katharinenkloster Hunderte von Handschriften in einem schon längst vergessenen und zugemauerten Raum entdeckt. Darunter 12 Blätter aus dem Codex Sinaiticus.

Father Justin, der Bibliothekar des Katharinenklosters. Im März 2005 wurde ein internationales Forschungsabkommen unterzeichnet, um den Codex Sinaiticus »virtuell« zu vereinigen.

19. und 20. Jahrhundert entdeckten russische Forscher weitere Einzelfragmente und vermachten sie der russischen Nationalbibliothek in St. Petersburg.

1975 wurden in einem zugemauerten Raum des Katharinenklosters die Reste von über 1000 Handschriften entdeckt, darunter zwölf ganze Blätter und 14 Fragmente vom »*Sinaiticus*«, vor allem aus den Mosesbüchern (siehe Kapitel 8, S. 147). Mehrfach durfte ich mit Genehmigung des Bischofs die Neufunde in der Klosterbibliothek einsehen und einiges fotografieren.

Die Erforschung der fragilen Handschrift stellt die Wissenschaft insgesamt vor große Probleme. Nur in absoluten Ausnahmefällen darf in London am Original gearbeitet werden. Im Katharinenkloster können Besucher lediglich zwei Blätter im neuen Museum bewundern. Im März 2005 schlossen daher die British Library, die russische Nationalbibliothek in St. Petersburg, die Universitätsbibliothek Leipzig und das Katharinenkloster ein Forschungsabkommen, um die kostbaren Pergamentseiten zu digitalisieren. Die weltweit verstreuten Teile des »*Sinaiticus*« sollen per Computer »virtuell« vereinigt werden und im Internet abrufbar sein. Neben einer Digitalausgabe auf DVD ist ein perfekter Nachdruck der Handschrift geplant (Faksimile). Die Kosten des Projekts werden auf über 1 Million Euro veranschlagt. (Vgl. Schick, »*Codex Sinaiticus*«, Bibelreport Juni 2005) Der »*Codex Sinaiticus*« hat nichts von seiner Bedeutung und Faszination verloren!

Dan Brown und die Bibel zur Zeit Kaiser Konstantins

Mit dem »*Sinaiticus*« konnte Tischendorf die Textforschung auf eine sichere Basis stellen. Man hatte nun eine Bibel aus der Zeit Konstantins (4. Jh.), und Tischendorf folgerte aus dem Fund, dass auch davor der Text zuverlässig überliefert worden ist. Nur beweisen konnte er es nicht, denn ältere Handschriften kannte man nicht!
Dan Brown behauptet, dass Kaiser Konstantin in einer beispiellosen Verfälschungsaktion das Neue Testament verändern ließ und dass unsere heutigen Evangelientexte erst im Auftrag Konstantins geschaffen worden seien. »Die früheren Evangelien wurden geächtet, konfisziert und verbrannt.« (S. 322) Wie der Text zur Zeit Kaiser Konstantins aussah, wissen wir durch die beiden Prachtbibeln, den »*Sinaiticus*« und »*Vaticanus*«, sehr genau. Gibt es nun Bibeltexte, Evangelienschriften aus der Zeit vor Konstantin, um Browns These überprüfen zu können? Was von Dan Browns Behauptung zu halten ist, werden wir gleich sehen, denn im heißen Wüstensand Ägyptens wurden im 20. Jahrhundert Funde gemacht, die Browns These einer Verfälschungsaktion unter Konstantin widerlegen und zeigen, dass er von jeder Sachkenntnis ungetrübt ist. Auch hier stimmen seine »*Fakten und Tatsachen*« nicht im Geringsten!

Unbezahlbarer Abfall – Müllhaufen und antike Friedhöfe

1778 wurde zum ersten Mal in Ägypten ein Tonkrug entdeckt, der 50 Papyrusrollen enthielt. Nur eine der Rollen wurde von einem Händler angekauft, da der Rest von den Beduinen wegen des »angenehmen

Geruches« verbrannt worden war (in der Antike wurde Papyrus oft mit Zedernöl behandelt, daher der aromatische Rauch). Der einzige »überlebende« Papyrus fand seinen Weg nach Europa. Der Text enthält Angaben über Zwangsarbeiten (Damm- und Kanalarbeiten), die bei Nilüberschwemmungen von der Bevölkerung zu leisten waren. Nichts Aufregendes also. Aber eines lehrte bereits dieser erste Papyrusfund: Es gab Orte auf der Welt, wo Papyrus überdauern konnte. Papyrus war das »Papier« der Antike und überdauerte fast nie die Zeiten, denn das Material ist sehr anfällig gegen Feuchtigkeit. Nur im heißen Wüstensand blieb Papyrus erhalten, und so richteten Forscher ihren Blick besonders auf das Land am Nil, denn hier hofften sie Papyri zu entdecken. Vor allem antike Müllplätze und Friedhöfe erregten dabei das Interesse der Ausgräber. Nicht mehr benötigte Gegenstände wie Haushaltsabfälle oder »Altpapier« der öffentlichen Ämter wurden in der Antike einfach in der nächsten unbesiedelten Umgegend, d. h. in der Wüste, weggeworfen; oder man wählte die Ruine eines verlassenen Hauses als Abfallplatz. Im Laufe der Zeit wuchsen die Abfallhaufen zu beachtlichen Müllhügeln an, die mehrere Meter hoch waren. Diese wurden in den Jahrhunderten vollkommen vom Wüstensand bedeckt und warteten eigentlich nur auf Archäologen, um wiederentdeckt zu werden.

Aber auch antike Friedhöfe können Überraschungen bereithalten, denn seit dem 3. Jahrhundert v. Chr. stellte man aus dem »Abfallpapier« der Behörden Kartonagen her für die Mumienhüllen oder Mumienmasken. Die Schriftstücke wurden dabei zusammengekleistert und mit Gips überzogen und nach dem Trocknen bunt bemalt.

Das Ende des 19. Jh. war die Zeit der großen Entdeckungen in Ägypten. Eine Epoche, die zu Recht als »Ägyptomanie« bezeichnet wird. Leider wurde dabei sehr unwissenschaftlich vorgegangen! So ließ ein Forscher 1896–1902 in Ägypten 40 000 Gräber öffnen, deren Fundstücke er dann in jährlichen Auktionen an die verschiedenen Museen versteigerte. Es handelte sich dabei mehr um Schatzgräberei denn um wissenschaftliche Forschung. Dies änderte sich erst mit den zwei jungen Oxforder Gelehrten Bernard Pyne Grenfell und Arthur Surridge Hunt, denen außergewöhnliche Funde gelingen sollten.

Nach einigen Misserfolgen bei ihrer ersten Grabung in Fajum (90 km südwestlich von Kairo, vgl. Karte S. 88) entschloss sich Grenfell 1897, seine Grabung in den antiken mittelägyptischen Ort Oxyrynchus (ca. 200 km südwestlich von Kairo) zu verlegen. Warum gerade hierher? Oxyrynchus (sprich Oxierinkus) wurde von den Griechen nach einem speziellen Fisch im Nil, eben dem Oxyrynchus, benannt. Die einheimische Bevölkerung hielt ihn damals für heilig. Wenn ein Ort in Ägypten einen griechischen Namen erhielt, müssen auch Griechen dort gelebt haben, vermutete Grenfell. Nur wenig war von dem antiken Oxyrynchus bekannt – außer, dass hier einst eine Vielzahl von Klöstern mit 10 000 Mönchen und 12 000 Nonnen existierte. Als Grenfell und Hunt begannen, den griechisch-römischen Friedhof zu

Über 50 000 Papyri wurden in dem antiken Müllhaufen von Oxyrynchus gefunden. Darunter etliche Handschriften mit Versen aus beiden Teilen der Bibel (Foto von 1903).

untersuchen, mussten sie feststellen, dass Grabräuber bereits vor ihnen da gewesen waren. Daher wandten sich Grenfell und Hunt dem alten Müllhaufen von Oxyrynchus zu. Die einheimischen Helfer gruben sich durch den 10 Meter hohen antiken Müll und machten dabei den bis heute größten Papyrusfund, der jemals in Ägypten gemacht worden ist. Es wurden nicht nur offizielle Dokumente, sondern ganz alltägliche Paypri gefunden, wie persönliche Briefe, Einladungen zu einem Freundestreffen oder Einkaufslisten. Sogar ein »Haftbefehl« wurde entdeckt, der auf den 28. Februar 256 n. Chr. datiert wird. Ein gewisser Petosarapis, der ein »Christ« genannt wird, sollte verhaftet werden – es ist die früheste Erwähnung dieses Namens »Christ« in den »Oxyrynchus Papyri«. Für Bibelforscher aber ist die Entdeckung von 36 Texten aus dem Neuen Testament von besonderer Bedeutung. Sie stammen von 200 (also aus der Zeit vor Konstantin) bis 400 n. Chr. und enthalten Teile von den Evangelien bis zur Geheimen Offenbarung. Die Ausgrabungen in Oxyrynchus dauerten bis 1934 und brachten über 50000 (!) Papyri ans Tageslicht. Da Oxyrynchus eine griechisch sprechende Enklave war, sind die meisten der dort gefundenen Papyri in Griechisch abgefasst. Bis heute sind 67 Bände in der Editionsreihe »Oxyrynchus Papyri« veröffentlich worden. Noch viele weitere Bände werden benötigt, bis das gesamte Material gesichtet und veröffentlicht ist – darunter auch noch biblische Texte.

Papyri versteckt in Tonkrügen – Die Chester-Beatty-Papyri

Am 17. November 1931 meldete die *London Times*, dass 12 Handschriften, verstaut in einem Tonkrug, auf einem koptischen Friedhof 100 km südlich von Kairo entdeckt worden seien – acht Manuskripte mit Teilen des Alten Testaments, drei mit Textteilen aus dem Neuen Testament und ein außerbiblischer Text (Henoch). Die Handschriften datierte man auf das 2.–4. Jahrhundert n. Chr. Die griechischen Texte des Neuen Testaments waren nun die ältesten Abschriften, die längere Teile des Neuen Testaments enthielten. Man hatte nun neutestamentliche Texte, die sehr nah an die Originalab-

fassungszeit der Evangelien heranreichten. Und finden wir in diesen Handschriften ein anderes Bild von Jesus, wie es Dan Brown gerne hätte? Nein! Diese Handschriften lange vor Konstantin berichten in derselben Weise von Jesus als Gottes Sohn und dem Retter der Menschen wie die späteren auch!
Sowohl die alttestamentlichen wie auch die neutestamentlichen Texte sind von Christen abgeschrieben worden. Woran erkennt man das? Sie sind alle in Buchform (statt auf Rollen) abgefasst (eine Erfindung der Christen, um die gute Nachricht besser verbreiten zu können), und auffallend sind die »heiligen Namen«, wie Jesus Christus, Heiliger Geist oder Gott. Sie wurden als Abkürzung und mit einem Querstrich darüber geschrieben (so genannte *nomina sacra* = heilige Namen, siehe S. 107 und 116). Die Handschriften wurden zu horrenden Summen verkauft und zu großen Teilen von dem damals in England lebenden amerikanischen Milliardär Chester Beatty erworben. Sie können heute in Dublin besichtigt werden. Es handelte sich damals um den bedeutendsten Fund seit der Entdeckung des »*Codex Sinaiticus*«. Die »*Chester-Beatty-Papyri*« sind auch heute noch mit die wichtigsten Textzeugen für das Neue Testament. Dazu zählen vor allem: P^{45} mit großen Ausschnitten aus den Evangelien und der Apostelgeschichte aus dem 3. Jahrhundert (Abb. in Grafik S. 110), P^{46}: die älteste Sammlung der Paulusbriefe aus der Zeit um 200 n. Chr., P^{47}: Teile der Offenbarung aus dem 3. Jahrhundert (Abbildungen in: Aland, *Der Text des Neuen Testaments* – Auflistung der Papyri dort: S. 109).

Kleines Fragment – große Wirkung

Unter den Bibelwissenschaftlern war die Erregung über die »*Chester-Beatty-Papyri*« noch nicht abgeklungen, da platzte eine weitere archäologische Bombe. Bereits 1920 hatte Grenfell ein nicht mal handtellergroßes Bruchstück einer Papyrushandschrift in Ägypten erworben und mit nach England gebracht. Das unscheinbare Teil war ihm nicht besonders aufgefallen. Grenfell starb über seinen Arbeiten 1926. Erst sein Nachfolger C.H. Roberts untersuchte 1934 diesen 6 mal 9 cm

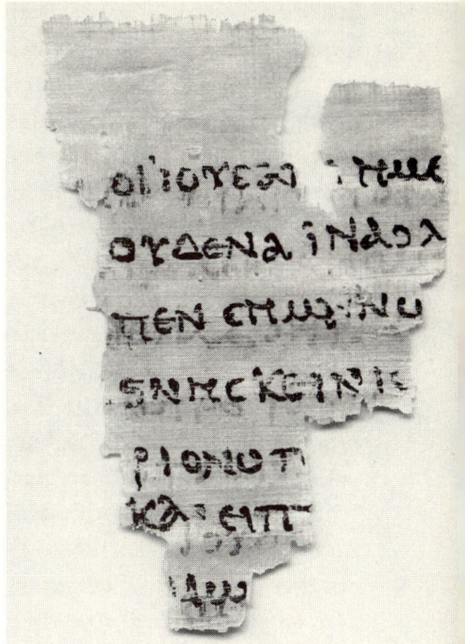

Links: *Rekonstruktion des P[52] mit Johannes 18,31–37a. Dabei stellte man fest, dass der antike Text mit dem bekannten Text aus dem Mittelalter übereinstimmt.*
Rechts: *Der P[52] ist der älteste Beleg zum Neuen Testament aus dem Johannesevangelium und wird auf 100–125 n. Chr. datiert. Es handelt sich dabei um eine der allerersten Abschriften des Johannesevangeliums. Das Fragment ist auf beiden Seiten in Griechisch beschrieben. Es stammt also aus einem Codex = Buch.*

großen Papyrus, der auf beiden Seiten beschrieben ist. Als Roberts den Text identifizierte, glaubte er seinen Augen nicht zu trauen. Der Fetzen stammte aus dem Johannesevangelium. Auf der Vorderseite stehen Bruchstücke von Kapitel 18, Vers 31–33 und auf der Rückseite von Vers 37–38 (das Verhör Jesu vor Pilatus). Die griechische Schrift wurde von Roberts auf 100–125 n. Chr. datiert. Das Fragment P[52] gilt nach der Mehrheitsmeinung der Textforschung als der älteste Beleg für das Neue Testament. Als man den Text dieses Papyrus untersuchte, stellte man fest, »dass er mit dem aus dem Mittelalter überlieferten Text genau übereinstimmt«. (Paret, *Die Überlieferung der*

Bibel, S. 83) Lediglich ein Wort fehlt im P[52]. Bekannt sind die Worte Jesu beim Verhör vor Pilatus: »Ich bin dazu (aus diesem Grund) geboren und dazu (aus diesem Grund) in die Welt gekommen, dass ich für die Wahrheit Zeugnis gebe« (Vers 37). Rekonstruiert man den Text des Papyrusfetzen, dann heißt es dort: »Ich bin dazu geboren und in die Welt gekommen, dass ich für die Wahrheit Zeugnis gebe.« Lediglich das zweite »dazu« (aus diesem Grund) findet sich in diesem ältesten Beleg nicht.

Dieses Fragment hat eine enorme Bedeutung für die Frage nach der Abfassungszeit des Johannesevangeliums. Bibelkritiker im 19. Jahrhundert hatten die Entstehung des vierten Evangeliums erst in die Zeit um 160 n. Chr. gelegt. Eine solche Spätdatierung bedeutete, dass keiner der Berichte im Johannesevangelium auch nur ansatzweise den Anspruch auf Historizität hätte erheben können. Dazu einer der größten Handschriftenforscher, Professor Bruce M. Metzger: »Obwohl der Umfang der Verse so gering ist, besitzt dieser winzige Fetzen in einer Hinsicht ebenso viel Beweiskraft, wie sie ein ganzer Codex haben könnte. Genauso wie Robinson Crusoe aus dem Anblick eines einzigen Fußabdruckes schließen konnte, dass außer ihm noch ein zweites menschliches Wesen mit zwei Füßen auf der Insel war, beweist P[52] das Vorhandensein und den Gebrauch des vierten Evangeliums in der ersten Hälfte des 2. Jahrhunderts in einer Provinzstadt am Nil, weit weg von seinem überlieferten Entstehungsort (Ephesus in Kleinasien). Wäre dieses kleine Fragment in der Mitte des 19. Jahrhunderts bekannt gewesen, dann hätte [man] … nicht behaupten können, das vierte Evangelium sei nicht vor etwa 160 entstanden«. (Metzger, *Der Text des Neuen Testaments*, S. 39)

Man sieht: So ein kleiner Fetzen kann ganze kritische Lehrgebäude zusammenfallen lassen. Aber das ist noch nicht alles: Nach altkirchlicher Überlieferung wurde das Johannesevangelium um 95 n. Chr. veröffentlicht. Das Papyrusfragment belegt eine Abschrift des Johannesevangeliums für den Zeitraum von 100–125 n. Chr. Wenn man den frühesten Zeitpunkt für die Handschrift annimmt, dann bedeutet dies, dass wir es hier mit einer der ersten Abschriften des Johannesevangeliums zu tun haben. Gerade mal fünf Jahre ist die

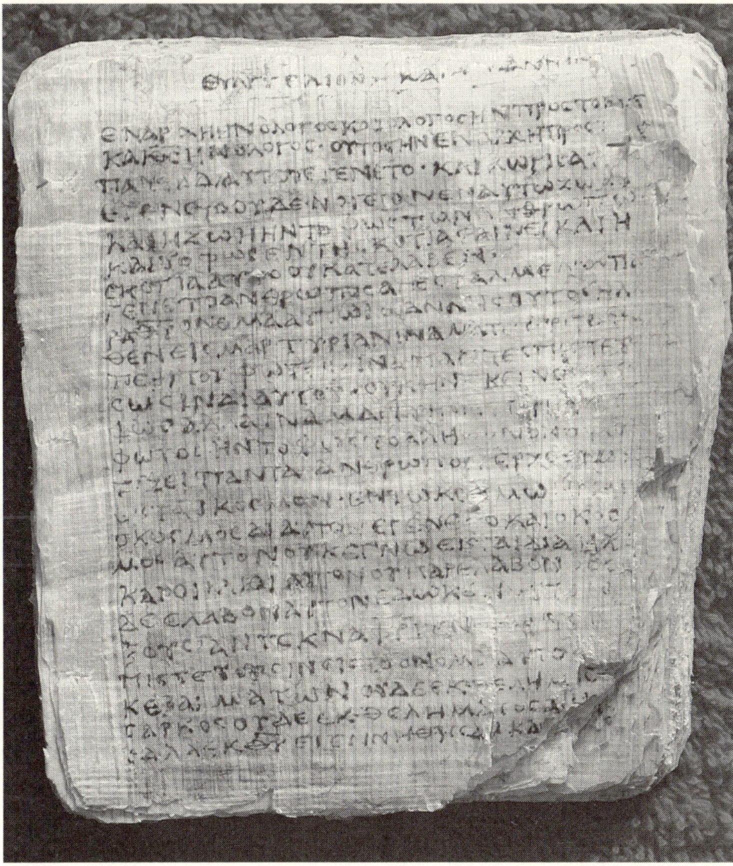

Ein fast vollständiges Johannesevangelium aus dem 2. Jahrhundert n. Chr. befindet sich unter den Bodmer-Papyri (P^{66}). Deutlich kann man die Überschrift noch nach 1800 Jahren lesen. Auf Deutsch: »Evangelium nach Johannes«. Dieser Codex ist nur handtellergroß / 14,2 x 16,2 cm) und konnte bequem überallhin mitgenommen werden (Faksimile aus der Bibelausstellung des Autors).

Abschrift von dem Original entfernt. Das heißt, wir haben es hier wahrscheinlich sogar mit der ersten Abschrift zu tun – eine absolute Sensation!

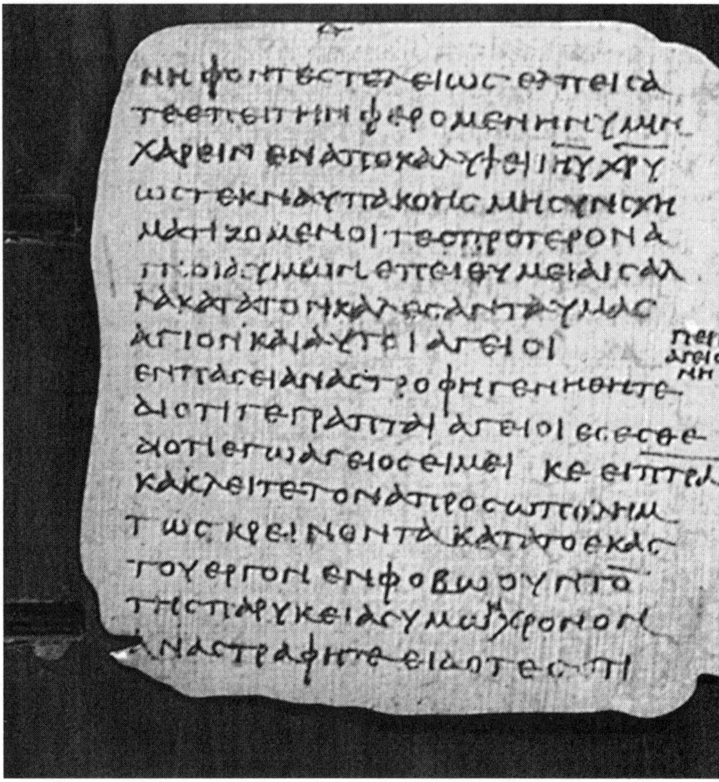

Das Johannesevangelium als Papyrus-Taschenbibel

1956 gelang dem Schweizer Millionär Martin Bodmer, einem leidenschaftlichen Sammler wertvoller Bücher und Handschriften, eine ungewöhnliche Erwerbung. Im Wüstensand Unterägyptens waren Papyri im Umfang von mehr als 2000 Textseiten entdeckt worden. Bei der Auffindung waren es noch viel mehr Seiten, doch durch die Unwissenheit des Entdeckers wurden etliche Blätter zum Anzünden für eine Wasserpfeife benutzt und ins Feuer geworfen, da sie – wie erwähnt – einen schönen aromatischen Geruch verbreiteten! Unter den

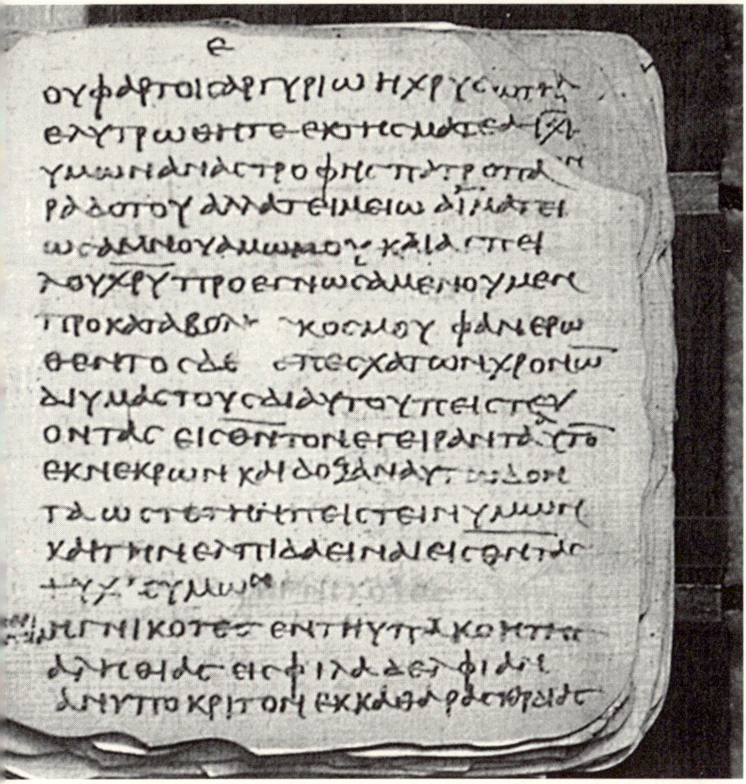

Älteste vollständige Abschrift der Petrusbriefe (3./4. Jahrhundert n. Chr.). Der Text ist auf kleine quadratische Papyrusblätter geschrieben und zwischen zwei Holztäfelchen befestigt. Zusammengeschnürt wurde dieses »Briefchen« mit einem Lederriemen. Der Apostel Paulus forderte die urchristlichen Gemeinden auf, ihre Briefe auszutauschen und vorzulesen, so im Kolosserbrief 4,16: »Wenn dieser Brief bei euch vorgelesen ist, sorgt dafür, dass er auch in der Gemeinde von Laodizea gelesen wird und dass ihr den aus Laodizea zu lesen bekommt.« Bei solchen Tauschaktionen wurden die Texte natürlich abgeschrieben, da jede Gemeinde Berichte von Jesus und die Briefe der Apostel selber besitzen wollte. Deutlich sind auch die Nomina sacra (die »heiligen Namen«) zu erkennen, wie Jesus Christus, Gott, Heiliger Geist. Sie wurden abgekürzt und mit einem Strich darüber gekennzeichnet (Faksimile aus der Sammlung der Bibelausstellung des Autors).

Texten befinden sich unter anderem eine Abschrift der beiden Petrusbriefe (P^{72} 3./4.Jahrhundert) und eine fast vollständige Abschrift des Johannesevangeliums (P^{66}, vgl. Foto S. 105) aus dem Ende des 2. Jahrhunderts oder vielleicht sogar aus der Zeit um 150 n. Chr.! Nie hätte man es sich überhaupt träumen lassen, eine Evangelienhandschrift aus dieser Zeit zu finden, da während der starken Christenverfolgung unter Kaiser Diokletian in den Jahren 303–311 Unmengen an Handschriften unter Androhung der Todesstrafe vernichtet wurden. Diese Schätze werden heute in Cologny, einem noblen Vorort von Genf, im Bodmer-Museum für Weltliteratur aufbewahrt.
Zu den bedeutendsten Bodmer-Papyri gehören: P^{66} Abschrift des gesamten Johannesevangeliums (mit ganz wenigen Lücken) von 200 n. Chr. (evtl. sogar 150 n. Chr.!), P^{72} vollständige Abschrift der Petrusbriefe, 3./4. Jahrhundert, P^{75} mit größeren Teilen aus dem Lukas- und dem Johannesevangelium, Anfang 3. Jahrhundert.

Das Neue Testament – einzigartig überliefert

Alle diese Papyrusfunde sind natürlich für die Textforscher sehr wichtig, die den ursprünglichen Text des griechischen Neuen Testaments rekonstruieren, wobei es auf jeden einzelnen Buchstaben ankommt. Die Arbeit an diesen Texten zeigt, dass es bei Fragen des originalen Wortlautes reiche neue Detailerkenntnisse gibt, die immer wieder bei Bibelrevisionen Eingang in die Bibelübersetzungen finden. Doch die inhaltliche Botschaft des Neuen Testaments blieb genauestens überliefert. Wir bekommen in den alten Handschriften kein neues Jesusbild vermittelt! Einer der Spezialisten für die antiken Papyri, der amerikanische Professor Philip Wesley Comfort, urteilte: »Egal, welche Differenzen im Wortlaut in diesen frühen Handschriften existieren …, die frühen Christen, die diese Handschriften besaßen, lasen dieselbe grundlegende Botschaft über den Herrn Jesus Christus, den Sohn Gottes, der am Kreuz für die Vergebung der Sünden starb und auferstand, um allen das Leben zu geben, die an ihn glauben«. (Comfort, *Early Manuscripts,* S. XV) Die Funde widerlegen auf das Eindrücklichste all die unsachlichen und unwahren Behauptungen von Dan Brown, aber auch von Michael Baigent/Richard Leigh, dass wir über keine alten Texte verfügen, bzw. dass Kaiser Konstantin das Neue Testament verfälschen ließ. Genau das Gegenteil ist der Fall! All die vorgestellten Funde liefern den materiellen Textbeweis, dass Dan Browns Thesen völlig falsch sind. Seine angeblichen *Fakten und Tatsachen* sind nichts anderes als Seifenblasen, die bei der Konfrontation mit den wissenschaftlichen Fakten zerplatzen.

Zur Zeit Konstantins hatten die Handschriften der Evangelien jeden Winkel des römischen Reiches erreicht, und der Kaiser wäre überhaupt nicht in der Lage gewesen, alle Exemplare zu zerstören, selbst wenn er es gewollt hätte. Etwa die Hälfte von den heute 118 bekannten Papyri stammen aus der Zeit *vor* Konstantin! Sie sind »in mehr als zwanzig Bibliotheken von Jerusalem bis Kairo, von Oxford bis Cambridge, von Berlin bis Ann Arbor, von Dublin bis Köln erhalten, und in keinem von ihnen gibt es auch nur den geringsten Hinweis auf redaktionelle Änderungen«. (Thiede, *Der unbequeme Messias*, S. 129) »Die Legende von der kirchlichen Zensur beruht auf dem Wissensstand des 19. Jahrhunderts«. (Finger, *Jesus – Essener, Guru, Esoteriker?*, S. 91)

Die Evangelien sind besser bezeugt als jedes andere Werk der antiken Weltliteratur und dennoch wird das Neue Testament oft mit einer extremen Skepsis betrachtet. Ich kann dem verstorbenen Professor Frederick F. Bruce nur zustimmen, wenn er schreibt: »Wir haben viel mehr Unterlagen für die neutestamentlichen Schriften als für die meisten Schriften klassischer Autoren, deren Echtheit anzuzweifeln niemandem einfallen würde. Wäre das Neue Testament eine Sammlung von weltlichen Schriften, so wäre seine Echtheit im Allgemeinen über allen Zweifel hoch erhaben … Es gibt nun einmal Menschen, die ein ›heiliges‹ Buch ipso facto mit Argwohn betrachten und viel mehr Bestätigung für seine Echtheit verlangen, als sie je für ein gewöhnliches, weltliches oder heidnisches Schriftstück fordern würden«. (Bruce, *Das Neue Testament*, S. 19)

Zeittafel zur Evangelienüberlieferung und zur Entdeckung der ältesten Handschriften

0

7 v. Geburt Jesu

Leben Jesu

30

Mündliche Überlieferung der Augenzeugen und erste schriftliche Aufzeichnungen

60

Veröffentlichung des Markus-Evangeliums (65)*
Lukas (vor 70)*
Matthäus (um 70)*

Veröffentlichung des Johannes-Evangeliums (nach 96)*

100

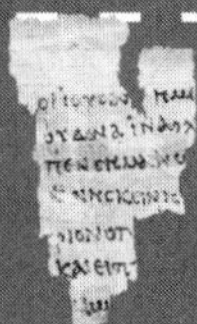

P^{52}
Fragment des Johannes-Evangeliums
ca. 100-125

P^{64} "Jesus-Papyrus"
um 150/200

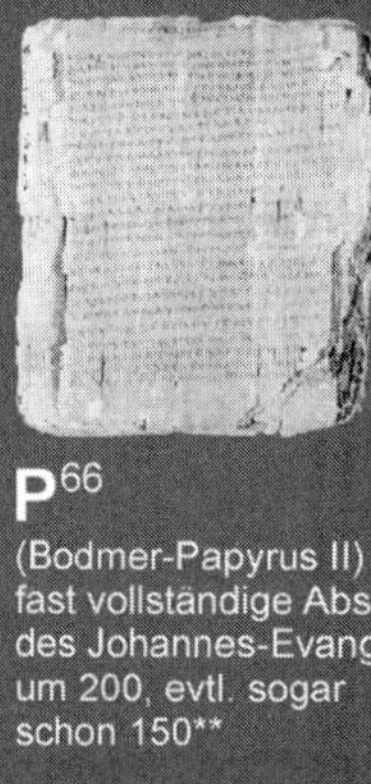

P^{66}
(Bodmer-Papyrus II)
fast vollständige Abschrift des Johannes-Evangeliums
um 200, evtl. sogar schon 150**

200

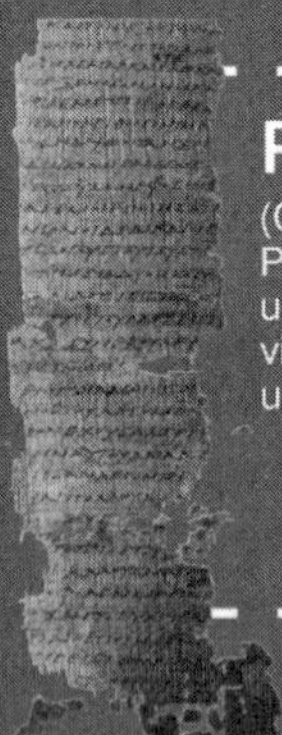

P^{45}
(Chester Beatty Papyrus)
u. a. Teile aus allen vier Evangelien
um 200

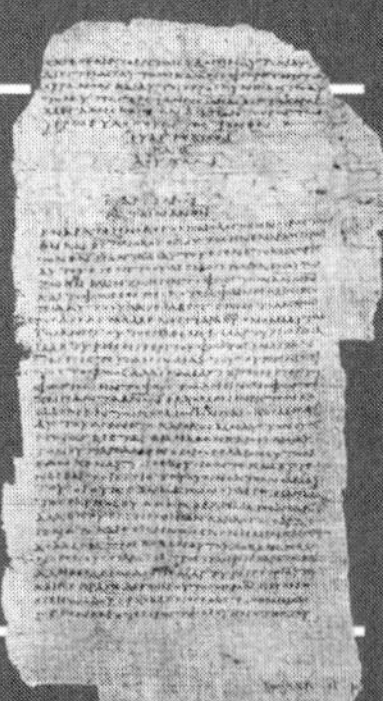

P^{75}
(Bodmer-Papyrus)
XIV-XV
Teile von Lukas- u. Johannes-Evangelium
ca. 175-200

300

400

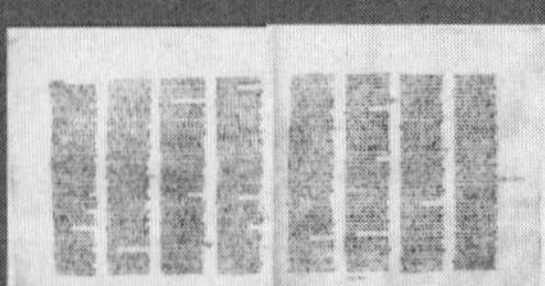

"Sinaibibel" Codex Sinaiticus (um 350 n. Chr.)

* Diese Daten orientieren sich an der altkirchlichen Überlieferung und werden von Neutestamentlern wie Prof. Rainer Riesner vertreten.

** Hier schwanken die Datierungen unter den Fachleuten.

Die ältesten Handschriften der Bibel

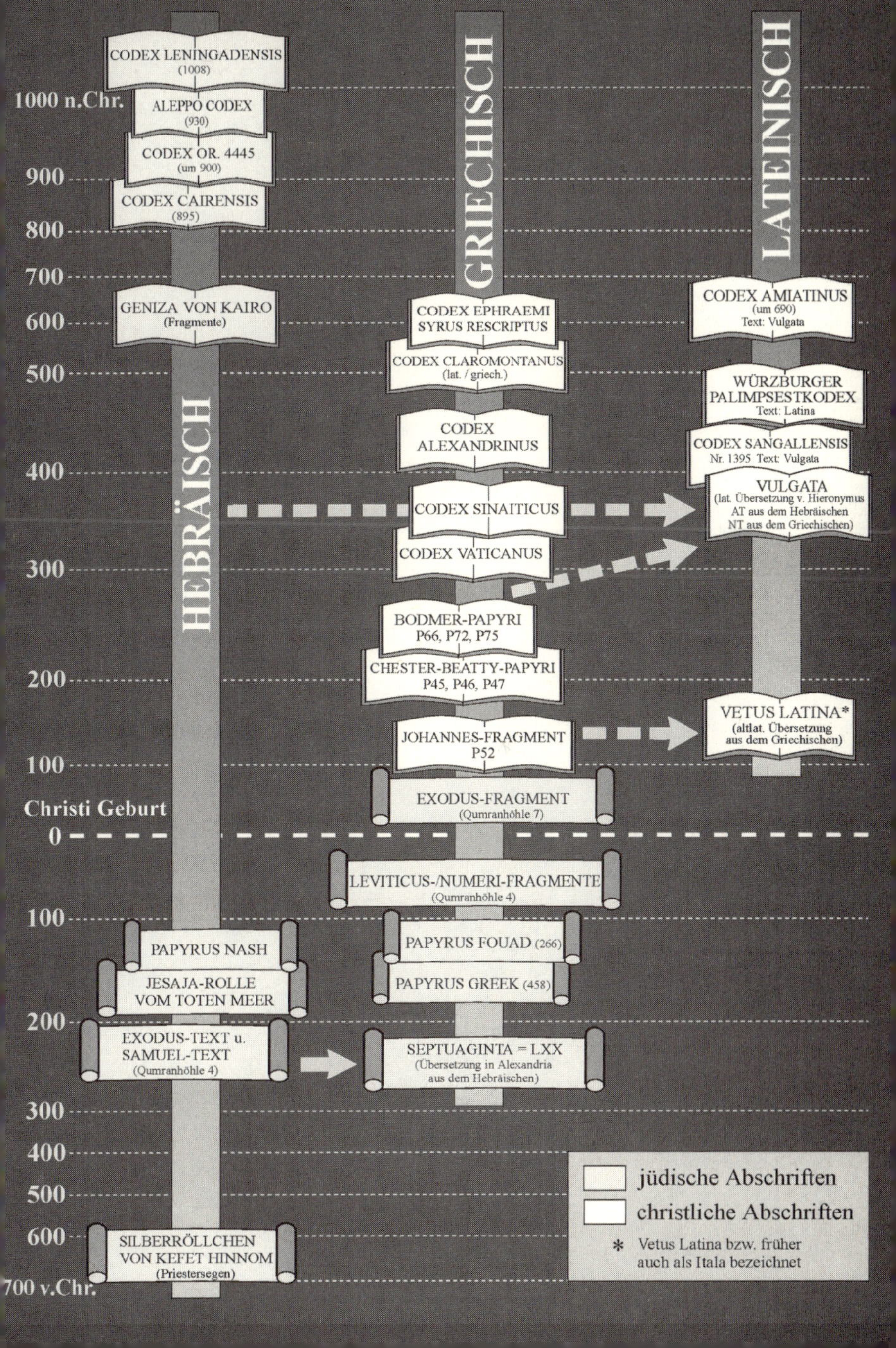

7. Mit dem Fahrstuhl in die Frühzeit des Christentums

Interview mit einem Orientalistikforscher

Alexander Schick: Herr Dr. Heide, welchen Eindruck hat Dan Browns *»Sakrileg«* bei Ihnen hinterlassen?

DR. MARTIN HEIDE: Wie in *»Sakrileg«* ganz richtig zu lesen ist, handelt es sich bei diesem Buch um einen Roman, was leider nicht alle Leser zur Kenntnis nehmen. Aus der Sicht des Lesers schafft es Dan Brown dabei spielend, wissenschaftliche Tatsachen über das Urchristentum in einen spannenden Thriller einzubetten. Stellen Sie sich vor, wie viele Religionslehrer oder Sachbuchautoren auf einen solchen Erfolg neidisch sein könnten! Problematisch ist dabei besonders, dass Dan Brown behauptet, die in diesem Roman dargestellten Dokumente seien wahrheitsgemäß wiedergegeben. Das aber stimmt keineswegs.

Dr. Martin Heide

Alexander Schick: Wie reagiert die Fachwelt auf die Behauptungen Dan Browns?

DR. MARTIN HEIDE: Auf der einen Seite kümmert man sich verständlicherweise kaum um Bestseller-Romane. Auf der anderen Seite haben gerade in den USA, in denen über 25 Millionen Exemplare seines Buches verkauft wurden, zahlreiche, zum Teil auch namhafte Autoren aus den Bereichen der Theologie und Textwissenschaft Dan Browns Thesen als völlig unhaltbar entlarvt.

Alexander Schick: Mit seiner Beteuerung unter der Überschrift »Fakten und Tatsachen«, dass er alle Dokumente »wirklichkeits- bzw. wahrheitsgetreu« wiedergegeben habe (S. 9), wird der Leser ja bewusst in die Irre geführt. Beim Lesen gewinnt man als Fachmann bereits nach wenigen Seiten den Eindruck, dass Dan Brown oft gar nicht weiß, wovon er da eigentlich schreibt. So werden die Qumrantexte zu Schriften erklärt, die neue Informationen über Jesus enthalten sollen (S. 322). Diese These findet sich zwar in allen Werken der englischen Autoren Michael Baigent und Richard Leigh, so vor allem in ihrer *»Verschlusssache Jesus«*, in *»Der Heilige Gral und seine Erben«* und nun in dem neuesten Werk *»Die Gottes-Macher«*. Browns Thesen sind ja ganz massiv von diesen Autoren beeinflusst.

Dr. Martin Heide: Stimmt genau! Bereits dieser Hinweis auf Qumran verrät Brown als Dilettanten. Die Schriften von Qumran stammen aus der vorchristlichen Zeit und haben mit den Schriften des Neuen Testaments überhaupt keine unmittelbaren Berührungspunkte. Weder werden das Neue Testament oder dessen Personen in Qumran erwähnt noch werden Qumran oder die Essener im Neuen Testament erwähnt. Wenn jetzt im Gefolge des enormen Erfolges von *»Sakrileg«* auch der über zehn Jahre alte Bestseller *»Verschlusssache Jesus«* wieder neu aufgelegt wird, so zeigt das nur, dass viele Verlage den finanziellen – und nicht etwa den sachlichen – Gewinn von Dan Brown möglichst lange auskosten wollen. Die These, der Vatikan habe unliebsame Dokumente aus Qumran unter Verschluss gehalten, die direkt auf Jesus oder das Neue Testament hinweisen, ist doch nun schon seit über einem Jahrzehnt widerlegt. Oder ist Ihnen bekannt, dass die Entgegnungsbücher von damals auch wieder erscheinen sollen?

Alexander Schick: Nein! Das ist ein mehr als berechtigter Vorwurf. Auch ich habe diesen fatalen Eindruck. Die wissenschaftlichen Antworten, wie die Klassiker von Professor Hartmut Stegemann oder von Prof. Otto Betz und Prof. Rainer Riesner, werden wohl kaum als stark beworbene Taschenbücher auf den Markt gebracht werden. Leider! Das ist das Manko des Medienzeitalters. Der Laie wird nur mit Büchern konfrontiert, die in die Marketingstrategie der großen

Verlagshäuser passen. Und Buchtitel mit den abstrusesten Thesen über Jesus, Qumran und das Neue Testament sind einfach erfolgreich, auch wenn die Fachwelt darüber den Kopf schüttelt.

Dr. Martin Heide: Umso erfreulicher, dass Ihr Klarstellungsbuch bei Knaur erscheint.

Alexander Schick: Dan Browns stärkste These bezieht sich ja auf die Schriften des Neuen Testaments, die von Konstantin nicht unverändert weiter überliefert, sondern verändert wurden. Er meint, dass Kaiser Konstantin die alten Handschriften vernichten und neue Handschriften an ihrer Stelle verbreiten ließ. Auch das, so soll der Leser es verstehen, ist nach Brown wahrheitsgemäß wiedergegeben und würde die Situation der Kirchengeschichte im 4. Jahrhundert korrekt widerspiegeln. Was ist da dran? Gibt es wenigstens das berühmte Körnchen Wahrheit?

Dr. Martin Heide: Nur wer von den wirklichen Zusammenhängen nichts versteht, würde behaupten, dass die Bibeln der Frühzeit, also des zweiten und dritten Jahrhunderts, sich grundsätzlich von den Bibeln der späteren Zeit nach Kaiser Konstantin (285–337 n. Chr.) unterscheiden. Zu behaupten, Konstantin habe alte Bibeln verbrannt und neue, »orthodoxe« an ihrer Stelle unter das Volk gebracht, ist einfach schlichtweg falsch.

Alexander Schick: Warum sollte Kaiser Konstantin das getan haben? Wieso beharrt Dan Brown auf dieser These?

Dr. Martin Heide: Nach Dan Brown wurde in den frühen Bibeln des zweiten und dritten Jahrhunderts Jesus nur als normaler Mensch gesehen. Erst mit Kaiser Konstantin seien angeblich Bibeln aufgekommen, die Jesus als Sohn Gottes bezeichneten, womit die reichseinigende Politik Konstantins gestärkt werden sollte.

Alexander Schick: Aber kann man denn beweisen, dass Jesus schon in den vorkonstantinischen Bibelhandschriften als der Sohn Gottes verkündigt wurde? Kann man Dan Brown gewissermaßen der Unwahrheit überführen?

Dr. Martin Heide: Am besten geht man direkt zu den Quellen. Wir nehmen einfach eine der ältesten und zuverlässigsten Handschriften des Neuen Testaments, den Papyrus P^{75}. Dieser Papyrus wurde zwischen 175 und 225 n. Chr. geschrieben, also ungefähr 100 Jahre vor Konstantin. Er enthält große Teile des Lukas- und Johannesevangeliums. Dann schauen wir, wie diese alte Handschrift Jesus darstellt, welche Titel und Namen sie ihm gibt usw.

Alexander Schick: Können Sie uns ein paar Beispiele geben?

Dr. Martin Heide: Am besten betrachten wir den Beginn des Johannesevangeliums, Kapitel 1, die Verse 1–14. Dort steht: »Im Anfang war das Wort, und das Wort war bei Gott, und das Wort war Gott.« Sehen Sie, hier wird Jesus »das Wort« genannt, und dieses Wort »war Gott«. Und ein paar Verse weiter wird dann berichtet, wie dieses Wort »Fleisch« annahm, also Mensch wurde und unter den Menschen lebte: »Und das Wort wurde Fleisch und wohnte unter uns, und wir haben seine Herrlichkeit angeschaut ...« Was nun hier in dieser alten Bibel aus dem zweiten Jahrhundert steht, ist genau das Gleiche, was noch in den Bibeln des Mittelalters stand und was noch heute in unseren Bibeln steht: Jesus ist als das ultimative »Wort Gottes«; er ist Gott gleich – und wurde Mensch.

Wenn Sie noch ein anderes Beispiel haben wollen, dann nehmen wir einen noch etwas älteren Papyrus aus dem 2. Jahrhundert n. Chr., den P^{66} (vgl. Foto S. 105). Dieser Papyrus bezeugt uns nämlich, dass die damaligen jüdischen Gelehrten den Anspruch Jesu sehr genau verstanden hatten, denn sie sagen dort zu Pilatus: »Nach unserem Gesetz muss er sterben, weil er sich selbst zu Gottes Sohn gemacht hat« (Johannesevangelium Kapitel 19, Vers 7). Sie verklagten Jesus unter anderem wegen Blasphemie: Nach Ansicht der religiösen Juden durfte sich eben niemand einfach »Sohn Gottes« nennen, weil er sich damit »Gott gleich machte«, wie P^{66} an der Stelle Johannesevangelium, Kapitel 10, Vers 33 liest.

An diesen und vielen anderen Stellen vermitteln die frühen Papyri genau das gleiche Bild von Jesus wie die späteren nachkonstantinischen Bibeln bzw. unsere heutigen Bibelübersetzungen. *»Sakrileg«* bietet also nicht nur ein dilettantisch verzerrtes Bild des frühen Christusglaubens, sondern ein unwahres und falsches.

Alexander Schick: Haben die frühen Schreiber des Neuen Testaments diese doch schwierige Annahme, Jesus sei mehr als ein normaler

Mensch, auch selbst geglaubt und wiedergegeben? Oder ist es nicht vielleicht möglich, dass der frühe Text erst aus unserer heutigen Sicht- und Interpretationsweise diesen Sinn ergibt? Legen wir da heute etwas hinein in diesen Text, was den Zeitgenossen so nicht vor Augen stand?

Dr. Martin Heide: Der Sinn des Neuen Testaments war an diesen Stellen unbestreitbar bereits in vorkonstantinischer Zeit eindeutig, d. h., man hat schon damals, wie wir von den frühchristlichen Autoren vor Konstantin (etwa Irenäus oder Origenes) wissen, Jesus Christus als Gottes Sohn angesehen und verehrt. Selbst auf der formalen Ebene hat man diese Überzeugung zum Ausdruck gebracht. Bereits die frühesten Handschriften des Neuen Testaments aus dem 2. und 3. Jahrhundert benutzten so genannte *nomina sacra* oder »heilige Namen«. Das sind mit einem so genannten Überstreichen besonders gekennzeichnete Abkürzungen, die anfangs nur für die Personen der Gottheit verwendet wurden, also für »Vater, Gott, Herr, Geist«; aber sie benutzten diese Überstreichungen auch für »Jesus«, »Sohn« und »Christus«. Damit wollte man, aufbauend auf der jüdischen Tradition des Alten Testaments, die Gottesnamen besonders kennzeichnen. Da aber eben gerade auch die Namen »Jesus«, »Sohn« und »Christus« so behandelt wurden, ist eindeutig, welche Eigenschaft man in Jesus sah: man behandelte ihn auf der formalen Ebene so, als gehöre er zu den göttlichen Personen dazu (vgl. Foto S. 106/107).

Alexander Schick: Herr Dr. Heide, Sie haben ja nun in Ihrer Studie *»Der einzig wahre Bibeltext? Erasmus von Rotterdam und die Frage nach dem Urtext«* auch dargelegt, dass sich der Bibeltext nach Kaiser Konstantin in der Form des Textes sehr wohl verändert hat. Steht das nicht im Widerspruch zu den Aussagen, die Sie gerade eben gemacht haben?

Dr. Martin Heide: In meinem Buch habe ich vor allem auf die kleinen Änderungen und Glättungen des Bibeltextes hingewiesen, welche die neutestamentlichen Handschriften im Laufe ihrer Geschichte, besonders nach der konstantinischen Wende, erlebten. Diese geringfügigen Glättungen des Bibeltextes sind in etwa einer modernen Bibelrevision vergleichbar. So werden ja alle deutschen Bibeln im Abstand von etwa 40 Jahren überarbeitet, um sie der neuen Sprachsituation anzupassen. Die damalige Revision zur Zeit Konstantins war aber viel vorsichtiger, in ihrem Ausmaß weit geringer als eine moderne Bibelrevision. Außerdem hatte sie gar nichts mit Konstantin selbst zu tun und auch nichts mit dem Konzil von Nicäa (325 n. Chr.), wie Dan Brown anführt. Diese Bibelrevision wurde von Schreibern des Neuen Testaments im Zuge der konstantinischen Wende verbreitet. Vor allem aber änderte sie überhaupt nicht den Sinn der älteren Bibelfassungen! Noch frappierender ist, dass man nach dem 8. Jh. die Bibeln überhaupt nicht mehr revidiert, sondern nur noch kopiert hat.

Alexander Schick: Woher weiß man das?

Dr. Martin Heide: Zum einen haben wir heute Tausende von Handschriften aus dem 9.–15. Jahrhundert, die sich – etwas vereinfacht gesagt – alle gleichen wie ein Ei dem anderen. Sie repräsentieren den Bibeltext, der um die Zeit Konstantins oder kurz danach unter den Massen verbreitet wurde, als das Christentum allmählich zur Staatsreligion avancierte. Zum anderen haben Textforscher in den letzten 150 Jahren die ältesten Handschriften des Neuen Testaments aus der Zeit vor Konstantin entdeckt und daraus den ältesten Bibeltext rekonstruiert. Diese Handschriften stammen aus dem 2., 3. und 4. Jahrhundert. Natürlich wurden sie jeweils von noch älteren Handschriften abgeschrieben. Zu ihnen gehören die Papyri (von denen ich oben schon zwei erwähnt habe) und viele andere Handschriften (vgl. S. 101–108). Wenn man die Handschriften vor Konstantin mit denen des Mittelalters vergleicht, dann sieht man die Unterschiede: Sie sind minimal. In Prozenten ausgedrückt: Abgesehen von harmlosen Rechtschreibfehlern sind mehr als 90 % des Bibeltextes über einen Zeitraum von fast 2000 Jahren konstant geblieben. Nur die restlichen 10 % differieren ein wenig, und zwar in den meisten Fällen an völlig belanglosen Stellen. Nur wenige Stellen des Neuen Testamens – wie im Johannesevangelium, Kapitel 7,53 bis 8,11 – sind wirklich diskutierbar, und diese diskutierbaren Stellen, diese wenigen Verse von über 7900 des gesamten Neuen Testaments, ändern gar nichts daran, wer Jesus war, was er getan hat und wie wir als Christen leben sollten.

Die gute Nachricht, d. h. ja übersetzt »Evangelium«, die gute Botschaft, dass Jesus Christus der Sohn Gottes sei, der sündelos für die

Sünden der Menschen gestorben ist und von Gott am dritten Tage auferweckt wurde, um den Menschen zu retten, ist in allen Handschriften seit Jahrtausenden dieselbe.

Alexander Schick: Dan Brown hat eine ganz besondere Vorstellung vom Gott der Bibel. Er ist sogar der Ansicht, sozusagen eine feminine Dimension Gottes im alttestamentlichen Gottesnamen entdeckt zu haben. So sei neben dem Gott Israels, nach Brown als »Jehova« bezeichnet, eine weibliche Gottheit verehrt worden. Überhaupt hätte man im Laufe der Geschichte die weibliche Urgottheit verdrängt und durch einen männlichen Gott ersetzt.

Dr. Martin Heide: Der Name Gottes lautet in der Bibel bzw. im Judentum nicht »Jehova«, dies ist ein Lesefehler aus dem Mittelalter, das lernt heute jeder Theologiestudent im ersten Semester. Der Name Gottes, der uns heute aufgrund der jüdischen Frömmigkeit nur noch in Konsonanten, also nur noch in den Buchstaben JHWH überliefert ist, wurde aller Wahrscheinlichkeit nach als »Jahwe« ausgesprochen. Das »Tetragrammaton« oder Vierbuchstabenwort JHWH setzt sich auch nicht zusammen aus dem männlichen Jah und einem vorhebräischen Wort für Eva, Havah, wie Brown meint, das ist ganz albern und offenbart seinen Unverstand. Vielmehr dürfte die Bedeutung des alttestamentlichen Gottesnamens in etwa mit dem übereinstimmen, was wir aus dem Alten Testament selbst kennen: »Ich werde sein, der ich sein werde« (2. Mose 3, 13). Jahwe bzw. Gott ist nach dem Verständnis des Alten Testamentes weder männlich noch weiblich, sondern er wird im Alten Testament als ein Wesen vorgestellt, das sich sowohl im transzendenten als auch im menschlichen Bereich bewegen kann. Im Neuen Testament reflektiert Jesus dieses Phänomen, wenn er sagt: »Gott ist Geist, und die ihn anbeten, die müssen ihn im Geist und in der Wahrheit anbeten« (Johannes 4,24): Gott ist nicht ein an Materie gebundenes Wesen (wie wir Menschen), sondern transzendent, kann aber mit uns Menschen kommunizieren. Er wird in der Bibel auch ausdrücklich als Schöpfer des Menschen in männlicher **und** weiblicher Gestalt vorgestellt. Er ist also weder dem femininen noch dem maskulinen Geschlecht noch als androgynes Mischwesen beiden Geschlechtern unterworfen, sondern steht über ihnen.

Alexander Schick: Dan Brown baut ja nun seine Thesen nachhaltig aus. So meint er z. B., die gnostischen Evangelien seien den vier Evangelien vorzuziehen und zu Unrecht von der frühen Kirche verbannt worden. Das Philippus-Evangelium scheint es ihm besonders angetan zu haben.

Dr. Martin Heide: Mit fast jedem neuen Argument, das Dan Brown ins Spiel bringt, offenbart er seine Unkenntnis der Sachlage. So zitiert in *»Sakrileg«* der fiktive Spezialist Leigh Teabing, übrigens ein versteckter Hinweis auf die Pseudo-Wissenschaftskrimi-Autoren Baigent und Leigh, aus dem Philippus-Evangelium den Text »die Gefährtin des Erlösers war Maria Magdalena« (S. 337), und fügt hinzu: »Jeder, der des Aramäischen mächtig ist, wird Ihnen bestätigen, dass das Wort ›Gefährtin‹ in jenen Tagen nichts anderes als Ehefrau bedeutet hat«. (S. 338) Brown begeht hier mindestens vier schwere Fehler:

1. Er verschweigt dem Leser, dass der Text des Philippus-Evangeliums an dieser Stelle beschädigt ist und nur mit rekonstruierten Worten einen Sinn ergibt. Der kann zwar, muss aber nicht so lauten, wie Brown ihn wiedergibt (siehe Foto S. 153).
2. Er meint, das Wort für »Gefährtin« stamme aus dem Aramäischen. Es ist aber ein griechisches Lehnwort innerhalb des Koptischen. Das Koptische ist ein spätägyptischer Dialekt und passt zum späten Text des Philippus-Evangeliums aus dem 3./4. Jahrhundert. Das Koptische hat im Wesentlichen eine spätägyptische Grammatik und einen entsprechenden Grundwortschatz, hat aber viele griechische Lehnwörter aufgenommen. Dazu gehört auch »Gefährtin«.
3. Das griechische Wort für »Gefährtin«, nämlich koinonos, heißt eben nicht Ehefrau, sondern so viel wie »Genossin, Kameradin«; für »Ehefrau« benutzt das Koptische bzw. Griechische ein anderes Wort.
4. Brown verschweigt dem Leser, dass gerade die koptisch-gnostischen »Evangelien« gar keine Evangelien im eigentlichen Sinn sind.

Alexander Schick: Was ist damit gemeint?

Dr. Martin Heide: Nun, sehen Sie, das apokryphe (= nicht von der Kirche anerkannte, d. Hg.) Philippus- oder auch das bekanntere Thomasevangelium schildern weder die Geburt noch den Lebensweg Jesu noch seine Kreuzigung und Auferstehung, zumindest nicht als biografischen Abschnitt. Selbst wenn sie darauf anspielen, dann nur im Kontext ihrer Spruchweisheiten. Diese Spruchweisheiten sind gesammelte Aussprüche Jesu, deren Ursprung sich oft aus den bekannten Evangelien ableiten lässt, oft aber auch nicht: Sie erscheinen in einem völlig neuen Kontext und haben gar kein Interesse daran, die historisch-biografischen Umstände von Jesus darzustellen. Wer diese Spruchweisheiten als in Konkurrenz zu den bekannten vier Evangelien darstellt, hat die Absicht der vier Evangelisten auf der einen bzw. der koptisch-gnostischen Schreiber auf der anderen Seite völlig missverstanden.

Alexander Schick: Das finde ich interessant. Können Sie das noch etwas näher ausführen?

Dr. Martin Heide: Schauen Sie, das Thomasevangelium beginnt mit einem Ausspruch: »Dies sind die geheimen Worte, die der lebendige Jesus sagte.« So beginnt kein Evangelium; in den vier Evangelien geht es immer um Geschichte, Abstammung, Taten und Worte. Dann kommt bald der Ausspruch: »Wer sucht, soll nicht aufhören zu suchen, bis er findet; und wenn er findet, wird er erschrocken sein; und wenn er erschrocken ist, wird er verwundert sein, und er wird König sein über das All.« In diesem Stil geht es immer weiter. Am Schluss kommt dann noch ein Ausspruch, der Dan Browns naiver Vorstellung, die Gnostiker wären sozusagen emanzipierter und frauenfreundlicher als die Autoren der vier Evangelien, den Todesstoß versetzt: »Simon Petrus sprach zu ihnen: Maria soll aus unserer Mitte fortgehen, denn die Frauen sind des Lebens nicht würdig. Jesus sprach: Seht, ich werde sie ziehen, um sie männlich zu machen, damit auch sie ein lebendiger Geist wird, vergleichbar mit euch Männern. Denn jede Frau, die sich männlich macht, wird in das Himmelreich gelangen.« So etwas Eigenartiges werden Sie im ganzen Neuen Testament nicht finden. Diese Besonderheiten der gnostischen Literatur haben natürlich auch die frühen Christen gesehen und sie daher zu Recht als Evangelien im eigentlichen Sinne abgelehnt.

Alexander Schick: Das Thomasevangelium ist also nur ein (wie Sie sagen) »so genanntes« Evangelium, das sich nicht eigentlich mit den bekannten vier Evangelien vergleichen lässt. Gab es denn überhaupt keine Versuche in der Frühzeit des Christentums, unsere bekannten vier Evangelien umzuschreiben?

Dr. Martin Heide: Natürlich gab es das. Der bekannteste und in seinem Anspruch und Umfang zugleich einzige Versuch dieser Art geht auf den Sektierer Marcion zurück. Er trat um 140 n. Chr. in Rom auf und versuchte die Evangelien systematisch auf seine Theologie hin umzuarbeiten. Letztlich ließ er nur das Lukasevangelium gelten. Er hat an vielen Stellen Änderungen vorgenommen und teils sogar den Sinn der Evangelien in ihr Gegenteil verkehrt

Alexander Schick: Hat das denn nicht den Text des Neuen Testaments beeinflusst?

Dr. Martin Heide: Eben gerade nicht. Die frühen Kirchenlehrer des 2. Jahrhunderts wie Irenäus und Tertullian haben das doch erkannt und verurteilt und Marcions Bibel abgelehnt. In welchem Ausmaß Marcion den Text der Evangelien beschnitt, können wir heute noch sehen; die Texte sind nämlich weitgehend rekonstruierbar. Von allen diesen Änderungen sind keine in das Neue Testament aufgenommen worden. Nach diesen nahezu traumatischen Erlebnissen sind die späteren Kirchenväter des 3. und 4. Jahrhunderts eher in das andere Extrem gegangen: Sie vermuteten manchmal bei harmlosen Varianten, die durch eine unklare Textüberlieferung in den Text des Neuen Testaments kamen, eine häretische Absicht. Das zeigt, dass man nach dem »marcionitischen Schock« sehr sorgfältig über den Text des Neuen Testaments wachte. Letzten Endes hat also Marcions Versuch, die Bibel radikal zu verändern, das Gegenteil bewirkt: Das Neue Testament wurde nun umso sorgfältiger überliefert. Eben und gerade deswegen hat man auch die späteren gnostischen Schriften abgelehnt. Auch die alt- und neutestamentlichen Apokryphen haben es nicht »geschafft«, ihre Texte mit dem Neuen Testament zu vermischen.

Alexander Schick: Trotzdem gibt es im Neuen Testament viele Varianten, also Abweichungen. Man sagt, es seien über 200 000 Abweichungen bekannt.

Dr. Martin Heide: Das stimmt, aber sie sind, wie ich bereits oben dargelegt habe, von sehr geringem Einfluss. Wenn wir in einem Zeitraum von nahezu 2000 Jahren bei fast 6000 Handschriften, die wir heute kennen, 200 000 diskutierfähige Varianten haben, so ist das eigentlich wenig. Die wenigsten Menschen haben schon einmal das Neue Testament abgeschrieben und dabei feststellen müssen, wie oft einem dabei Schreibfehler unterlaufen. Solche Fehler und Flüchtigkeiten entstehen sehr schnell. Aber erstens hat man das schon damals gewusst und immer wieder die erstellten Handschriften mit ihren Vorlagen verglichen. Und zweitens: Hat man, wie es heute der Fall ist, an die 6000 Handschriften, so kann man durch Vergleich die meisten Fehler feststellen. Je mehr Handschriften man hat, desto mehr Abweichungen; desto mehr kann man aber auch durch Vergleich aller dieser Handschriften den ursprünglichen Text erschließen. Dazu kommen die Glättungen und Harmonisierungen der nachkonstantinischen Zeit, die man aber ebenfalls durch den Vergleich mit den Handschriften vor Konstantin erkennen und ausmerzen kann; sie wirken ohnehin nicht sinnverändernd. Übrig bleiben danach nur noch sehr wenige wirklich interessante Abweichungen, weniger als 1 % des Textes, und die ändern nichts am gesamten Sinn und Inhalt des Neuen Testaments. Das Neue Testament ist zuverlässiger überliefert als irgendeine andere Schrift der Antike! Dies muss man ganz deutlich betonen. Die Überlieferung ist ganz hervorragend!

Alexander Schick: Herr Dr. Heide, haben Sie Dank für dieses informative Gespräch.

Martin Heide ist Orientalist und wissenschaftlicher Mitarbeiter an der Ludwig-Maximilians-Universität München. Dort rekonstruiert er zurzeit aus einer Vielzahl alter arabischer Handschriften die früheste orientalische Überlieferung der antiken Veterinärmedizin. Außerdem arbeitet er an der Veröffentlichung wichtiger hebräischer Inschriftenfunde aus der Zeit der jüdischen Könige. Nicht zuletzt aber ist er am Institut für neutestamentliche Textforschung in Münster im Rahmen des Projektes Editio Critica Maior (eine umfassende wissenschaftliche Neuausgabe des Neuen Testaments) für die Beurteilung der äthiopischen Varianten zuständig. Von Dr. Martin Heide ist »Der einzig wahre Bibeltext? Erasmus von Rotterdam und die Frage nach dem Urtext« (Nürnberg 2005) erschienen.

8. Das Sakrileg an der Wahrheit

Ein Textwissenschaftler nimmt Dan Browns biblische Fakten unter die Lupe

VON MICHAEL WELTE

Die Liste der Personen und Einrichtungen, denen Dan Brown für die Unterstützung bei der Sachrecherche an *»Sakrileg«* dankt, ist lang und mit berühmten Namen, etwa der Pariser Nationalbibliothek, gespickt. Und so möchte man meinen, dass der Roman in seinen historischen Ausführungen auf einem sicheren Fundament steht. Das bekräftigt Dan Brown ausdrücklich, wenn er dem Leser unter der Überschrift *»Fakten und Tatsachen«* erklärt: »… alle Dokumente sind wirklichkeits- bzw. wahrheitsgetreu wiedergegeben« (S. 9). Aber schon ein kurzer Blick auf Browns *Fakten und Tatsachen* verrät, dass der Roman seinen deutschen Titel *»Sakrileg«* mit gutem Recht trägt.

Co-Autor Michael Welte im Bibelmuseum der Universität Münster.

Sakrileg, dem Wortsinn nach

Viele Menschen wissen nicht genau, was ein »Sakrileg« eigentlich ist. Wikipedia definiert: *»Sakrileg (von lat. Sacrilegium = ›Tempelraub‹; ›sacrum‹ = heilig, legere ›stehlen‹) bezeichnet ein Vergehen gegen Heiliges. Darunter fällt z. B. die Entweihung heiligen Bodens oder heiliger Sachen durch Raub, Schändung oder Missbrauch, aber auch ein Angriff auf geweihte Personen. Wird ein Sakrileg begangen, so wird es oft als ›Blasphemie‹ oder ›Gotteslästerung‹ bezeichnet.«* Das passt. Bei Dan Brown finden wir alles: Raub, Schändung, Missbrauch, Gotteslästerung – nur keine Tatsachen. Wem Wahrheit heilig ist, kann Dan Browns *»Sakrileg«* nur als Sakrileg an der Wahrheit empfinden.

Die Bücher von Nag Hammadi und die Gnosis

In Dan Browns Roman spielen die Nag-Hammadi-Texte eine bedeutende Rolle (»… Und dann gibt es natürlich noch die koptischen Schriftrollen *von* Nag Hammadi … diese Dokumente sprechen in einer sehr menschlichen Weise vom Wirken Jesu« (S. 322 f.), daher sollen sie hier genauer vorgestellt werden.

Nag Hammadi ist ein Dorf in Oberägypten, etwa 100 km stromabwärts von Luxor (siehe Karte S. 88). Hier fanden Fellachen 1945 auf einem Höhlenfriedhof in einem roten Tonkrug 13 Codices, 13 in Leder gebundene Bücher mit Texten in koptischer, d. h. in altägyptischer Sprache, geschrieben in der Zeit vom 3.–4. Jahrhundert.

Bei den Texten handelt es sich um bis dato größtenteils unbekannte, aus dem Griechischen übersetzte Werke der Gnosis, einer antiken religiösen Bewegung, die an philosophische Strömungen anknüpfte. Sie verbreitete sich stark im 1. und 2. Jahrhundert n. Chr. und ergriff auch das Christentum. Ziel ihres Strebens war die Erlösung. Sie werde dem Auserwählten, so die Lehre, nicht durch den Glauben (Pistis), sondern durch die Erkenntnis (= Gnosis) Gottes oder der Welt des Übersinnlichen zuteil. Durch Selbsterkenntnis – dass wir also erkennen, wer wir wirklich sind – wird der Mensch befreit vom Bösen in der Welt, das uns körperlich anhaftet. Es ist ein Widerstreit zwischen Geist und Materie. Das Wissen, die Erkenntnis muss von außerhalb der Welt kommen, und zwar durch einen göttlichen Erlöser, der die Erkenntnis des Heils von oben bringt. Für die christlichen Gnostiker ist Christus der Eine, der von oben kommt, um diese Erkenntnis zu bringen. Aber nun verstanden die verschiedenen Gnostiker Christus auf verschiedene Weise. Die einen, die so genannten Doketisten, sahen in Jesus ein göttliches Wesen, das auf die Erde kam, aber nicht wirklich, sondern nur scheinbar Fleisch und Blut war. Andere Gnostiker glaubten, dass Jesus sein göttliches Wesen am Kreuz verlor.

Das Christentum wehrte sich energisch gegen die Gnosis. Nicht »Erkenntnis« erlöst, sondern der Glaube an den Erlöser erlöst. Für den Kampf gegen die Gnosis gibt es Belege schon im Neuen Testament, z. B. in der Schlussmahnung an Timotheus, den Begleiter und Mitstreiter des Apostels Paulus, am Ende des 1. Timotheusbriefes

Der Nag Hammadi Codex II. Er ist der wichtigste aller dreizehn Nag Hammadi Codices. Er enthält u. a. die »Geheimlehre des Johannes«, das »Thomasevangelium« und das »Philippus-Evangelium«

(6, 20 f.): »O Timotheus! Bewahre, was dir anvertraut ist, und meide das ungeistliche lose Geschwätz und das Gezänk der fälschlich so genannten Gnosis (Erkenntnis), zu der sich einige bekannt haben und sind vom Glauben abgeirrt.« Lang ist's her, und doch sind noch heute Ausläufer dieser gnostischen Bewegung, z. B. bei den Anthroposophen, wirksam. Und auch die Wurzeln der Esoterik, mit ihrem Gemisch aus Wissen und Glauben, liegen in der Gnosis.

Die in Nag Hammadi entdeckte »Bibliothek« enthält u. a. verschiedene so genannte »Evangelien« über Jesus, sämtlich mit größter Wahrscheinlichkeit aus dem ursprünglichen Griechisch ins Koptische übersetzt. Die Bände dieser Nag-Hammadi-Bibliothek wurden in der 2. Hälfte des 4. Jahrhunderts gefertigt. Das lässt sich so genau datieren, weil für die Verstärkung der Buchrücken Quittungen benutzt wurden, die entsprechende Daten tragen. Die Texte werden teilweise sogar ins 2. Jahrhundert datiert.

Konstantin, so liest man es bei Brown, benötigte eine neue Ausgabe des Neuen Testaments, in der – ich zitiere wörtlich – »keine jener Darstellungen aufgenommen werden durfte, in denen Jesus als Mensch gesehen wurde, während alles, was ihn in ein göttliches Licht rückte, besonders hervorzuheben war. Die früheren Evangelien wurden geächtet, konfisziert und verbrannt.« (S. 322)

Im Unterschied zu den Evangelien des Neuen Testaments zeichnen die in Nag Hammadi gefundenen Evangelien eher ein Bild von Jesus, das ihn als ein übermenschliches Wesen erscheinen lässt. Hätte Dan Brown einen einzigen Blick in die Texte geworfen, so wäre ihm aufgefallen, dass die Texte das Gegenteil von dem betreiben, was Dan Brown sucht: Sie divinisieren (= vergöttlichen) Jesus, statt ihn zu normalisieren. Es ist also Unsinn, wenn Dan Brown meint, wir hätten einen menschlicheren Jesus, wenn die Evangelien von Nag Hammadi in den neutestamentlichen Kanon mit eingeschlossen wären. Dies wird weiter unten noch mit Textbeispielen genauer belegt werden.

Ein vernichtendes Urteil über Dan Brown fällt Prof. James M. Robinson, der Herausgeber der Nag-Hammadi-Schriften: »Der Erfolg dieses Buches ist auf eine Sensationsgier zurückzuführen, die einen Wissenschaftler wie mich, der versucht, sich an die Fakten zu halten, verärgert. Das Problem liegt in der Natur der Sache: Es handelt sich um einen Roman, also um Fiktion, und gleichzeitig werden viele Fakten verwendet – bekannte Namen und Umstände wie die Entdeckung von Nag Hammadi, um dem Ganzen einen Schein von Tatsachengenauigkeit zu geben. Ein Laienpublikum wird nur schwer unterscheiden können, wo das eine beginnt und das andere endet.« Das Buch sei daher »sehr irreführend«, so Robinson. »Dan Brown hat von der wissenschaftlichen Seite [der Funde] nicht viel Ahnung. [Er hat] die Zeugnisse gewissermaßen frisiert, um sie aufregender zu machen.« (In: Burstein, *Die Wahrheit über den Da-Vinci-Code,* S. 184).

Wie die Evangelien in die Bibel kamen

Wie aber kamen unsere vier Evangelien ins Neue Testament? Warum wurden andere nicht aufgenommen? War es wirklich das Werk von Kaiser Konstantin, wie Brown behauptet? Er sagt: »Es gab mehr als achtzig Evangelien, die für das Neue Testament zur Auswahl standen, dennoch kamen nur vier zum Zuge – die Evangelien von Matthäus, Markus, Lukas und Johannes … Hier stoßen wir auf die grundlegende Ironie des Christentums! Das Neue Testament, wie wir es heute kennen, geht auf den heidnischen römischen Kaiser Konstantin den Großen zurück.« (S. 318)

Tatsache ist, dass Kaiser Konstantin *nichts* mit der Entstehung unseres neutestamentlichen Kanons zu tun hatte. Er hat weder ausgewählt noch ausgeschlossen noch Evangelien vernichtet, die außerhalb des Kanons gelassen wurden. Es gibt keinerlei Belege für eine kaiserliche Bücherverbrennung. Die Bildung des neutestamentlichen Kanons war ein langer Prozess, der weit vor Konstantin begann und erst kurz nach seinem Tod († 337) abgeschlossen war. Es gibt auch keine Belege dafür, dass Konstantin auf irgendeine Weise in diesem Prozess eine Rolle spielte. Nur eine Stelle bei Brown über die Entstehung des Kanons stimmt: »Die Heilige Schrift ist nicht per Fax vom Himmel zugegangen«. (S. 317)

Wie ist die Schriftenauswahl (= der Kanon) der Bibel entstanden?

In der antiken Welt war es – mit Ausnahme der Juden – nicht gebräuchlich, Heilige Bücher zu haben, die hoch gehalten wurden als Anleitung zum Glauben und Tun. Juden hatten Schriften, von denen sie glaubten, dass Gott sie ihnen gegeben habe, Schriften, die ihnen beschrieben, wer Gott war, die sie anleiteten, Gott zu ehren, und die ihnen sagten, wie sie in Gemeinschaft miteinander leben sollten.

Zur Zeit Jesu lag der Kanon des Alten Testaments noch nicht vollständig fest, wohl aber bereits der erste Teil, das Herzstück des Kanons, die Thora, die fünf Bücher Mose, auf fünf Rollen geschrieben. Dies war bekanntlich auch »die Bibel« der ersten Christen. Im ersten christlichen Jahrhundert fingen die Christen dann an, daneben auch ihre eigenen Texte zu sammeln. Die frühesten erhaltenen christlichen Schriften sind die Briefe des Apostels Paulus, geschrieben ab der Mitte des 1. Jahrhunderts n. Chr. Dann folgen in der Zeit um 65–100 die Evangelien und die restlichen Schriften des Neuen Testaments.

Die Worte Jesu gewinnen früh die gleiche Autorität wie die Worte der Bibel der ersten Christen – d. h. des Alten Testaments. Jesus stellt, wenn er das Gesetz des Mose erklärt, seine eigene Lehre auf dieselbe Stufe. Er ist nicht gekommen, das Gesetz aufzulösen, sondern zu erfüllen (Matthäus 5,17–48). Paulus hat das sehr schön angewendet, z. B. als er einmal erklärt, wie man sich in der Gemeinde gegenüber den Ältesten zu verhalten habe: »Die Ältesten«, so schreibt er im 1. Timotheusbrief (5,17), »die der Gemeinde gut vorstehen, die halte man zweifacher Ehre wert, besonders, die sich mühen im Wort und in der Lehre.«

Und dann begründet er seine Empfehlung an die Gemeindemitglieder mit einem Wort aus der Schrift, d. h. aus dem Alten Testament (5. Buch Mose 25,4), und mit einem Wort Jesu: »Die Schrift sagt: Du sollst dem Ochsen, der da drischt, nicht das Maul verbinden«, und Jesus sagt (Lukas 10,7): »Ein Arbeiter ist seines Lohnes wert.«

Wenn Paulus noch unter »Schrift« eben das Alte Testament versteht, so bezeichnet der Autor des zuletzt entstandenen Buches des Neuen

Testaments die Briefe des Paulus ebenfalls bereits als »Schrift«. Christen akzeptieren also bereits um die erste Jahrhundertwende Bücher unseres Neuen Testaments als kanonisch, d. h. als glaubensverbindliche Schriften: »Die Geduld unseres Herrn«, heißt es im 2. Petrusbrief (3,15 f.), »erachtet für eure Rettung, wie auch unser lieber Bruder Paulus nach der Weisheit, die ihm gegeben ist, euch geschrieben hat. Davon redet er in allen Briefen, in denen einige Dinge schwer zu verstehen sind, welche die Unwissenden und Leichtfertigen verdrehen, wie auch die anderen *Schriften*, zu ihrer eigenen Verdammnis.« Da sind wir noch meilenweit weg von Konstantin!

Nach dem Tod Jesu und später dann auch der Apostel ergab es sich als Notwendigkeit, für die Nachwelt die Anweisungen für ein Leben vor Gott und in der Gemeinschaft zu sammeln. Das Christentum breitete sich schnell aus. Aber schnell entstanden auch unterschiedliche Auffassungen über das, was es heißt, Jesus nachzufolgen.

Wir wissen von Menschen des 2. Jahrhunderts, die behaupteten, der wahren Lehre Jesu zu folgen, dass sie unterschiedlicher Auffassung waren: Die einen glaubten an den *einen* Gott; und dann gab es andere, die sagten: Es gibt zwei Götter, den Gott des Alten Testaments und den Gott, von dem Jesus spricht. Für wen sollten sie Jesus halten? War er wahrer Mensch und wahrer Gott – oder war er so menschlich, dass er nicht göttlich sein konnte? Die eine Auffassung schloss die andere aus.

Wir haben eine Reihe von Belegen dafür, dass nicht etwa ein römischer Kaiser, sondern die Christen selbst darum gerungen haben, was in den Kanon ihrer Schriften aufzunehmen sei. Wie man sich das vorzustellen hat, erfährt man sehr schön aus der ersten Kirchengeschichte, einem Werk des Eusebius von Cäsarea (265–339).

Eusebius berichtet darin von der schriftstellerischen Tätigkeit des Bischofs Serapion, der in der ersten Hälfte des 2. Jahrhunderts in Antiochia lebte. Serapion wachte, wie sich das für einen Bischof gehört, über seine Herde. Als er eines Tages die Gemeinde zu Rhossus in der Nähe von Antiochia besuchte, entdeckte er, dass die Christen dort in ihren Gottesdiensten ein Evangelium benutzten, das von Petrus geschrieben sein sollte. Im ersten Augenblick dachte er bei sich: Wenn der Apostel Petrus das Evangelium geschrieben hat, dann ist zu akzeptieren, dass es in der Kirche gelesen wird. Zurück in Antiochia, suchten ihn einige kundige Gemeindeglieder auf, um ihm zu sagen, das so genannte Petrusevangelium enthalte eine falsche Theologie. Es handele sich um ein doketisches Evangelium, in dem Jesus nur mit einem Scheinleib, also nicht als wahrer Mensch, dargestellt sei und darum auch keinen persönlichen Kreuzestod erlitten haben könne. Daraufhin ließ Serapion sich ein Exemplar dieses Evangeliums kommen. Und in der Tat entdeckte er dann einige Passagen, die der doketischen Lehre entstammen. Flugs fasste er in einem Brief zusammen, was er über das so genannte Evangelium des Petrus dachte: »Meine Brüder, wir halten an Petrus und den übrigen Aposteln ebenso fest wie an Christus. Wenn aber Schriften fälschlich unter ihrem Namen gehen, so sind wir erfahren genug, sie zurückzuweisen; denn wir wissen, dass uns solche Schriften nicht überliefert worden sind. Als ich bei euch war, meinte ich, dass alle den rechten Glauben hätten. Und ohne das von ihnen vorgelegte, den Namen Petri führende Evangelium durchgelesen zu haben, hatte ich erklärt: Wenn dies allein euer Schmerz ist, dann möge man es lesen! Da ich aber nun durch Hörensagen weiß, dass ihr Sinn heimlich einer Häresie [= Irrlehre] zuneigt, werde ich mich beeilen, wieder zu euch zu kommen. Daher, Brüder, erwartet mich in Bälde! Wir kennen, Brüder, die Häresie des Marcion. Er widersprach sich selbst und wusste nicht, was er sagte. Ihr könnt dies ersehen aus dem, was ich euch geschrieben habe. Durch Leute, die eben dies Evangelium benützten, d. i. durch die Nachfolger seiner Urheber, die wir Doketen nennen, da ja seine Ideen größtenteils dieser Richtung angehören, kamen wir in die Lage, dasselbe zu erhalten und durchzulesen und zu finden, dass zwar das meiste mit der wahren Lehre unseres Erlösers übereinstimmt, manches aber davon abweicht« (Eusebius, *Kirchengeschichte VI*, 12). Diesen Brief schickte er dann an die Gemeinde mit der Auflage, fortan dieses Buch nicht mehr im Gottesdienst zu verwenden.

Der Prozess der Unterscheidung zwischen falscher Lehre (Häresie) und reiner Lehre hatte also längst eingesetzt – mehr als 100 Jahre vor Konstantin!

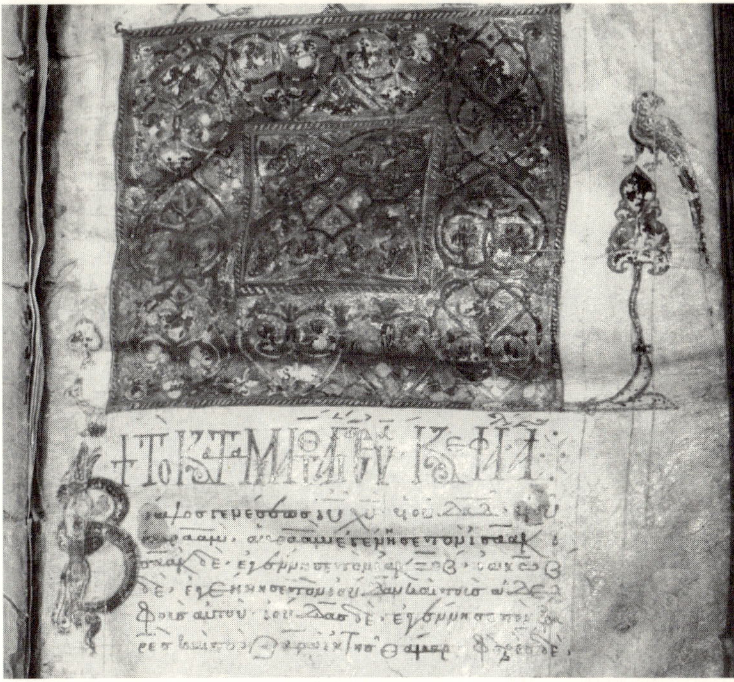

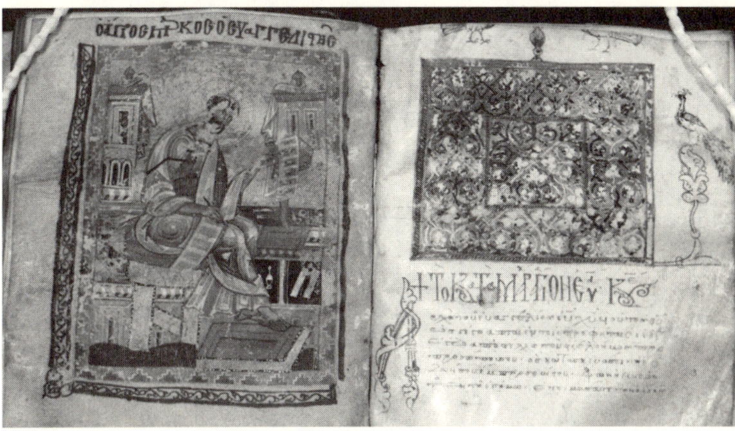

Oben: *Minuskel 2756 aus dem 13. Jahrhundert mit dem Anfang des Matthäusevangeliums: »Buch von der Geburt Jesu Christi ...«* Unten: *Beginn des Markusevangeliums in der Minuskel 2756: »Anfang des Evangeliums von Jesus Christus, dem Sohn Gottes ...«*

Bild des Evangelisten Lukas aus der Minuskel 2756.

Mithilfe verschiedener Kirchenschriftsteller des 2. Jahrhunderts können wir die Spur der Entstehung des Vierevangelienkanons verfolgen: Um das Jahr 180 sprach zum ersten Mal Irenäus von Lyon von den *vier Evangelien.* Er sagte: Es gibt vier Himmelsrichtungen, in die der Wind bläst und die Wahrheit des Evangeliums trägt – das muss daher auf vier Pfeilern stehen – auf den Pfeilern Matthäus, Markus, Lukas und Johannes.

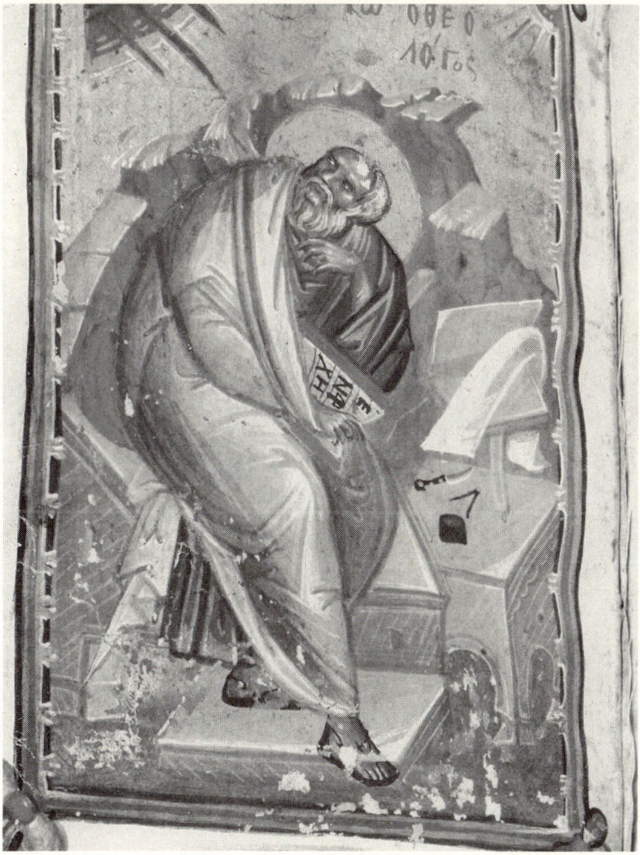

Minuskel 676 aus dem 13. Jahrhundert mit Johannes in der Haltung des Schreibers, dem vom Himmel diktiert wird.

Aus dieser Zeit stammt auch die erste Kanon-Liste, eine Liste von Büchern, von denen ein uns nicht bekannter Autor meint, sie gehörten in den christlichen Kanon. Diese Liste ist benannt nach ihrem Entdecker *Muratori* – er hat das Manuskript im 18. Jahrhundert in einer Mailänder Bibliothek gefunden. An erster Stelle sind darin die vier Evangelien genannt, dann die Apostelgeschichte und die Briefe.

Am Schluss werden auch einige Schriften diskutiert, die nicht in den Kanon aufgenommen werden sollten. Fünf der 27 Bücher des Neuen Testaments werden ausgeschlossen (der Hebräerbrief, der Jakobusbrief, die beiden Petrusbriefe und ein Johannesbrief).

Was sind die Kriterien? Ein Buch, das in den Kanon aufzunehmen ist, muss 1. … alt sein, es muss der Zeit Jesu nahe sein; 2. … von einem Apostel oder einem Apostelgefährten geschrieben sein – das Evangelium des Petrus z. B. wurde schon allein deshalb abgelehnt, weil es aufgrund seiner späten Entstehung (ca. 150) nicht von Petrus geschrieben sein konnte; 3. … katholisch sein (nicht zu verwechseln mit römisch-katholisch), katholisch bedeutet ja universal, d. h., es muss weitestgehende Akzeptanz in den Gemeinden haben; 4. … orthodox sein, d. h. die reine, die wahre Lehre vertreten (Ehrman, *Truth and Fiction in The Da Vinci Code*, S. 87 f.).

Für längere Zeit wurde das in den Kirchen diskutiert. In der bereits erwähnten Kirchengeschichte nennt Eusebius wiederum vier Kategorien für die Bewertung der einzelnen Schriften: 1. Bücher, die von allen Seiten akzeptiert werden: Das sind die vier Evangelien, die Apostelgeschichte und die Paulusbriefe (einschließlich des Hebräerbriefes), der erste Johannesbrief, der erste Petrusbrief und die Apokalypse. 2. Bücher, die noch diskutiert werden: Das sind der Jakobus- und der Judasbrief, die beiden Petrusbriefe und der zweite und dritte Johannesbrief. 3. Bücher, die von einigen für zum Kanon gehörig, von anderen für nicht aufnehmbar angesehen werden: Das sind die Acta Pauli, der Hirt des Hermas, die Petrusapokalypse, der Barnabasbrief, die Didache und das Hebräerevangelium. 4. Häretische Bücher, die in der Kirche nicht akzeptiert werden: Das sind das Petrus-, Thomas- und Matthiasevangelium sowie die Andreas- und Johannesakten. (Eusebius, *Kirchengeschichte III*, 3 und 25)

Lange *vor* der Zeit Konstantins bestand also Einhelligkeit darüber, dass die vier Evangelien kanonische Schriften sind. Kaiser Konstantin hatte mit dieser Entscheidung nichts zu tun! Dies ist einer der vielen Irrtümer in *»Sakrileg«*. Es findet sich lediglich eine Notiz bei Eusebius, die Brown dazu verführt haben könnte, die Rolle Konstantins im Zusammenhang mit der Entstehung des Kanons so falsch darzustellen.

Eusebius berichtet in der Biografie Konstantins von 50 Bibelhandschriften, die der Kaiser bei Eusebius angefordert habe. Sie sollten hergestellt werden für die Kirchen, die Konstantin in Konstantinopel hatte erbauen lassen. Eusebius zitiert aus dem Schreiben des Kaisers in seiner Biografie, der *»Vita Constantini«*, wie folgt: »In der nach uns benannten Stadt hat sich unter der Mitwirkung der Vorsehung des Erlöser-Gottes eine sehr große Menge der heiligsten Kirche angeschlossen, so dass es dem starken Wachstum, das sich dort durchweg zeigt, ganz angemessen erscheint, auch mehrere Kirchen daselbst zu bauen. Es dünkt uns geziemend, … du mögest fünfzig Bände von den göttlichen Schriften, deren Anschaffung und Gebrauch du für das Beste der Kirche am meisten als notwendig erachtest, auf gut zubereitetem Pergament, leicht leserlich und handlich für den Gebrauch, von Künstlern herstellen lassen, die in ihrer Kunst, schön zu schreiben, wohl erfahren sind.« (Eusebius, *Vita Constantini*, IV, 36)

Konstantin gab also nicht, wie Brown behauptet, »eine neue Evangeliensammlung in Auftrag«. Es ging einfach nur um »Nachschub«. Außerdem darf nicht vergessen werden, dass nach der letzten verheerenden Christenverfolgung unter Kaiser Diokletian in den Jahren 303–311 der kirchliche Bestand an Bibelhandschriften größtenteils vernichtet war. Diokletian hatte die Auslieferung der Bibelhandschriften unter Todesandrohung gefordert. Etwa aus dieser Zeit des Wiederauffüllens der verloren gegangenen Bestände stammen zwei griechische Vollbibeln, der *»Codex Sinaiticus«* und der *»Codex Vaticanus«*. Beide zählen zu den zuverlässigsten Zeugen des Bibeltextes. Der *Codex Vaticanus* ist der Hauptzeuge für die Herstellung einer kritischen Ausgabe des griechischen Neuen Testaments. Ob sie zu den fünfzig von Konstantin in Auftrag gegebenen Exemplaren gehörten, kann man heute nicht mehr klären. Aber aufgrund des *»Codex Vaticanus«* und des *»Codex Sinaiticus«* wissen wir sehr genau, wie eine Bibel zur Zeit Kaiser Konstantins aussah (siehe auch Kapitel 6, S. 89–96).

Um nun das, was die Wissenschaft über den langen Prozess der Kanonbildung weiß, zum Abschluss zu bringen: Erst in der zweiten Hälfte des 4. Jahrhunderts – also *nach* Konstantin und 300 (!) Jahre nach der Entstehung unseres Neuen Testaments – stand der gesamte

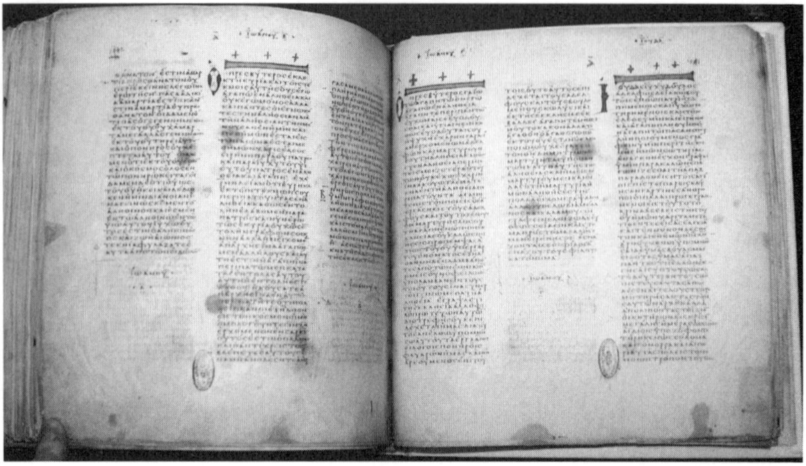

Der Codex Vaticanus ist die älteste Vollbibel (= Altes und Neues Testament) der Welt. Der Codex stammt von 325 n. Chr., ist aber im Neuen Testament leider nicht ganz vollständig.

Kanon endgültig fest, d. h., da wurden dann auch die letzten noch diskutierten Schriften, wie z. B. der Judasbrief oder die Petrusbriefe, als kanonische Schriften aufgenommen (die Evangelien galten hingegen schon lange Zeit *vor* Konstantin als kanonisch!). Der Osterfestbrief des Patriarchen Athanasius von Alexandria aus dem Jahr 367 enthält dann die endgültige Liste aller 27 Schriften.

Die meisten Leser von *»Sakrileg«* haben keine Grundlage, von der aus sie beurteilen können, was bei Brown *fact* und was *fiction* ist. Und ein Weiteres ist falsch bei Brown. Wer *»Sakrileg«* liest, muss den Eindruck bekommen, dass es nur die römisch-katholische Kirche gäbe und dass sie die entscheidende Rolle bei der Frage nach dem Kanon gespielt habe. Dabei übersieht Brown völlig, dass es zwei Strömungen gab, eine *westliche* mit Rom als Zentrum (daraus bildete sich dann vorherrschend die römisch-katholische Kirche). Daneben existierte eine *östliche* Kirche mit Byzanz/Konstantinopel als Zentrum der griechisch-orthodoxen Kirchen. Sowohl die westlichen wie auch die östlichen Kirchen stimmten *unabhängig* voneinander darin überein, dass es vier Evangelien gibt; *keine* der gnostischen Schriften hatte auch nur im Entferntesten jemals einen kanonischen Status als »Evangelium«.

Schriftsteller haben alle Freiheit – natürlich! Aber wenn sie selbst Wert darauf legen, dass ihr verwendeter historischer Stoff mit den historischen Fakten abgeglichen ist, dann müssen sie sich auch daran messen lassen. Das Urteil der Fachwelt ist vernichtend. Dan Browns erfundene Version der Kirchengeschichte spottet jeder Beschreibung! Nicht wenige Leser von *»Sakrileg«* werden weder das Neue Testament gelesen haben, geschweige denn die außerkanonischen »Evangelien«, noch werden sie wissen, was Kaiser Konstantin mit dem Ganzen zu tun hat. Möglicherweise hat *»Sakrileg«* für sie den Rang einer Primärquelle. Das ist fatal. Denn auch die Informationen über Jesus von Nazareth sind schlicht und ergreifend falsch.

Jesus, Konstantin und das Konzil von Nicäa

Aus den *»Fakten und Tatsachen«* des Dan Brown: »Konstantin war ein ausgezeichneter Geschäftsmann. Er hatte begriffen, dass das Christentum im Kommen war, und da hat er eben aufs schnellste Pferd gesetzt. Die Historiker staunen noch heute, mit welchem Geschick Konstantin aus seinen heidnischen Sonnenanbetern Christen gemacht hat. ... Beim Vereinigungsprozess der Religionen musste Konstantin etwas zur Konsolidierung der noch jungen christlichen Lehre tun. Deshalb berief er alle christlichen Würdenträger der damaligen Welt zu einer Versammlung ein – das berühmte Konzil von Nizäa. Bei dieser Versammlung wurde eine Vielzahl christlicher Angelegenheiten erörtert und durch Abstimmung entschieden, beispielsweise ein einheitlicher Termin für das Osterfest ... und natürlich die Göttlichkeit Jesu. ... Bis zum Konzil von Nizäa ... wurde Jesus von seinen Anhängern als sterblicher Prophet betrachtet, als ein großer mächtiger Mensch, aber eben als Mensch – ein sterblicher Mensch ... Zum Sohn Gottes wurde Jesus erst nach einer entsprechenden Abstimmung auf dem Konzil von Nizäa erklärt.« (S. 319–321)

Erstaunlich, dass es bei Brown durchaus »Fakten« gibt, die Fakten sind: In der Tat suchte Konstantin im inzwischen politisch geeinten Imperium der Gefahr der diese Einheit gefährdenden theologischen Streitigkeiten zu begegnen. Dass es bis auf den heutigen Tag keinen für alle Kirchen einheitlichen Ostertermin gibt, ist auch bekannt. Falsch jedoch ist die Behauptung, Jesus sei erst nach einer entsprechenden Abstimmung auf dem Konzil von Nicäa (andere Schreibweise: Nizäa) zum Sohn Gottes erklärt worden.

Die Bedeutung Kaiser Konstantins für die Entwicklung des Christentums steht außer Frage. Mindestens drei Fakten sind es, an denen man nach einhelliger Meinung der Historiker ablesen kann, welchen Einfluss der römische Kaiser Konstantin auf die Entwicklung des Christentums ausgeübt hat: im Jahr 313 das Toleranzedikt von Mailand, im Jahr 324 die Verlegung des römischen Kaisersitzes nach Konstantinopel (330 als »neues Rom« installiert; heute Istanbul), im Jahr 325 die Einberufung des ersten ökumenischen Konzils von Nicäa.

Nach der bis dahin schwersten Christenverfolgung durch Kaiser Diokletian in den Jahren 303 bis 311 zeichnete sich 311 mit dem Edikt des Kaisers Galerius bereits der Weg zur Toleranz ab: Die Christenverfolgung wurde aufgehoben. Das dann zwei Jahre später von Konstantin erlassene Mailänder Edikt garantierte darüber hinaus die allgemeine Religionsfreiheit. Das bedeutete, dass das Christentum neben den alten heidnischen Religionen und Kulten jetzt zur *erlaubten* Religion wurde (nicht etwa zur alleinigen Staatsreligion, wie oft falsch behauptet wird!). Erst einige Jahrzehnte nach Konstantin, unter Kaiser Theodosius im Jahr 380, erlangte das Christentum seine dominierende Rolle als Staatsreligion.

In seiner *Kirchengeschichte* hat Eusebius die Reaktion der Christen auf das Mailänder Toleranzedikt lebendig wiedergegeben: »Singet dem Herrn ein neues Lied, denn Wunderbares hat er getan! … Alle Menschen waren so von der Schreckensherrschaft der Tyrannei befreit; und von den früheren Leiden erlöst, bekannte der eine in dieser, der andere in jener Weise, dass der einzige wahre Gott der sei, der für die Frommen gestritten. Vor allem aber waren wir, die ihre Hoffnung auf den Christus Gottes gesetzt hatten, von unaussprechlicher Freude erfüllt.« (Eusebius, *Kirchengeschichte* X, 1–2)

In seiner 10 Bücher umfassenden *Kirchengeschichte* hat Eusebius die Geschichte der Kirche von den Tagen der Apostel an bis zum Jahr 324 beschrieben. Gleich nach Konstantins Tod am 22. Mai 337 ergriff er die Feder zu einer vier Bücher umfassenden Lebensbeschreibung des Kaisers, der so genannten *Vita Constantini*. Beide Werke bleiben, ungeachtet berechtigter kritischer Einwände, auch für die moderne Geschichtsschreibung die wichtigsten Quellen für das, was man über den ersten christlichen Kaiser in Erfahrung bringen kann.

In seiner *Vita Constantini* sagt Eusebius selbst, wie er diese Kaiserbiografie verstanden wissen will, und bezeichnet damit eine bestimmte Tendenz: »Die meisten von den Taten nun, die der dreimal selige Kaiser als Feldherr vollbracht hat … glaube ich übergehen zu dürfen, da der Zweck des uns vorliegenden Werkes nahe legt, nur von dem zu reden und zu schreiben, was sich auf sein gottgefälliges Leben bezieht.« (Eusebius, *Vita Constantini*, I, 11)

Aus heutiger Sicht ist es schon ein erstaunlicher Vorgang, dass ein weltlicher Herrscher – Konstantin ließ sich erst auf dem Sterbebett taufen! – das erste ökumenische Konzil, eine Versammlung von über 200 Bischöfen, einberief. Man darf dabei freilich nicht vergessen, dass Konstantin ja als Oberpriester (Pontifex maximus) für alle Kulte, also auch für die christlichen, zuständig war. Was war der Anlass zur Einberufung dieses ersten ökumenischen Konzils?

Nach Erlangung der Alleinherrschaft über das Römische Reich im Jahr 324 wollte Konstantin auch den letzten Störfaktor der Einheit des Reiches ausräumen: die immer stärker werdenden kirchlichen Konflikte, ausgelöst durch strittige Fragen der Theologie. Einer dieser Streitpunkte wurde zum eigentlichen Anlass der Einberufung des Konzils. Es war, und das ist das Einzige, was bei Dan Brown stimmt, eine Frage, welche die Göttlichkeit Jesu betrifft. Allerdings stimmt es nur eingeschränkt. Denn es ging überhaupt nicht um die Frage, ob Jesus göttlich ist oder nicht – *Jesus, Gottes Sohn*, das bezeugen schon seit der Mitte des 1. Jahrhunderts n. Chr. die ältesten Texte des Neuen Testaments! (Siehe auch das Interview mit Martin Heide S. 114 ff.

und das Phänomen der *nomina sacra*, der heiligen Namen.) Es ging bei dem Konzil vielmehr um die Frage, *auf welche Weise* Jesus göttlich ist: Wie kann der Mensch Jesus zugleich Gott sein, wenn es doch nur einen Gott gibt?

Wortführer in diesem Streit war der Presbyter Arius (um 260–336), der seit 318/19 die Lehre verbreitete, dass der Logos (griech. = das Wort), der Sohn Gottes, der Mittler zwischen Gott und der Welt, Gott untergeordnet und darum mit ihm nicht *wesensgleich* (griech.: homo**o**usios), sondern nur *wesensähnlich* (griech.: homo**i**ousios), nicht von gleicher Substanz wie der Vater, sondern vom Vater vor der Zeit aus dem Nichts geschaffen sei. Der Streit ging also um einen einzigen Buchstaben (»**i**«) bei den beiden griechischen Wörtern. Doch dieser eine Buchstabe entschied über die Frage, wie man Jesus zu sehen hatte – als *wesensgleich* mit Gott oder nur als *wesensähnlich*.

Am Ende der Synode (19. Juni) war man sowohl in der Glaubenslehre wie auch in der Osterfeier übereingekommen. Nur zwei (!) der über zweihundert anwesenden Bischöfe hatten nicht unterschrieben. Kann man die Dinge noch mehr auf den Kopf stellen, als Brown das auch an dieser Stelle tut, wenn er hingegen behauptet: »Zum Sohn Gottes wurde Jesus erst nach einer entsprechenden Abstimmung auf dem Konzil von Nizäa erklärt … Mit einer ziemlich knappen Mehrheit obendrein«. (S. 321) Einmal ganz abgesehen davon, dass es in Nicäa ja gar nicht um eine Abstimmung darüber ging, ob Jesus Gottes Sohn ist. Es wurde lediglich nach der Art der Göttlichkeit Jesu gefragt. Und so bedeutet das, was auf dem Konzil zu Nicäa vereinbart wurde, nur die wiederholende Bestätigung dessen, was nicht erst seit Konstantin bekannt ist, sondern was schon in den ältesten Texten des Neuen Testaments um die Mitte des ersten Jahrhunderts bezeugt wird: Jesus Christus ist Gottes Sohn, er und der Vater sind eins, er ist eines Wesens (homoousios) mit dem Vater.

In der anderen Frage, dem Termin des Osterfestes, gibt es noch immer keine einheitliche Regelung zwischen den westlichen und östlichen Kirchen. Dass Ostern aber sinnvoller Weise einheitlich am Sonntag als dem Tag der Auferstehung Jesu Christi gefeiert wird, das steht seit dem Konzil von Nicäa fest.

Jesus Christus war, so liest es sich bei Brown, »eine historische Gestalt von unerhörter Wirkung, vielleicht die geheimnisvollste und inspirierendste Führergestalt, die die Welt je gesehen hat. Als der Messias der Prophezeiung hieß er die Könige stürzen, führte Millionen Menschen zu einem neuen Aufbruch und begründete eine neue Weltanschauung. Als unmittelbarer Abkömmling der Könige Salomon und David hatte Jesus einen legitimen Anspruch auf den jüdischen Königsthron. Kein Wunder also, dass sein Leben von Tausenden seiner Anhänger im ganzen Land aufgezeichnet wurde.« (S. 318) Und dann kommt der bereits zitierte Passus: »Es gab mehr als achtzig Evangelien, die für das Neue Testament zur Auswahl standen, dennoch kamen nur vier zum Zuge …« (S. 318). Was, so fragt man sich, ist mit den Tausenden von Berichten über Jesus zu seinen Lebzeiten geschehen?

Brown behauptet: Sie wurden aussortiert und dann vernichtet, als Konstantin seinen Kanon des Neuen Testaments zusammenstellte. Wir erinnern uns: Laut Brown war ja »der Haken an der Sache«, »dass Konstantin Jesus erst vier (sic!) Jahrhunderte nach der Kreuzigung zum Gottessohn erhoben hat« und dass deshalb »bereits Tausende von Niederschriften existierten, in denen Jesus als normaler Sterblicher geschildert wird. Konstantin wusste, dass nur mit einem kühnen Handstreich dagegen anzukommen war – ein Coup, der zur Schicksalsstunde des Christentums wurde. Konstantin gab eine neue Evangeliensammlung in Auftrag, die er obendrein finanzierte. In diese Sammlung durfte keine jener Darstellungen aufgenommen werden, in denen Jesus als Mensch gesehen wurde, während alles, was ihn in göttliches Licht rückte, besonders hervorzuheben war. Die früheren Evangelien wurden geächtet, konfisziert und verbrannt«. (S. 322)

Aber nun sind ganz offensichtlich nach Brown doch nicht all diese frühen Dokumente vernichtet worden. Eine geheimnisvolle Gruppierung namens »Bruderschaft von Zion« habe Tausende dieser Niederschriften über die Jahrhunderte verwahrt, »Tausende Seiten originaler Schriftstücke«, so Brown, »aus der Zeit vor Konstantin dem Großen, niedergeschrieben von den frühen Anhängern Jesu, die ihn als durch und durch menschlichen Lehrer und Propheten verehrt haben. Auch das legendäre Q-Dokument wird diesem Schatz zugerechnet – ein Manuskript, dessen Existenz sogar von der katholischen Kirche offiziell eingeräumt wird und das eine Aufzeichnung der Lehre Jesu sein soll, möglicherweise sogar von Jesus selbst verfasst.« »Warum«, so fragt Brown, »soll Jesus keine Chronik seines Lebens verfasst haben? In jenen Tagen haben das viele Menschen getan, zumal so bedeutende Personen wie Jesus von Nazareth.« (S. 351)

Dass »Konstantin Jesus erst *vier* Jahrhunderte nach der Kreuzigung zum Gottessohn erhoben« haben soll, wo das Konzil zu Nicäa doch bereits 325 n. Chr. stattgefunden hat, gehört zu den besonders auffälligen Fehlern in Browns *»Sakrileg«*.

Spätestens mit der Nennung der Quelle für alle diese als Fakten hingestellten Behauptungen fällt Browns Kartenhaus völlig in sich zusammen. Die Bruderschaft, die seiner Meinung nach die sichere Quelle all dessen ist, was die Kirche bis auf den heutigen Tag verheimlicht, diese Bruderschaft hat es nachweislich nie gegeben (siehe Kapitel 2, S. 28 ff.). Sie ist eine auf gefälschten Dokumenten beruhende plumpe Fiktion, was sich lange bevor Brown seine Feder in die Hand nahm, herausgestellt hatte.

Und wie steht es um die Q-Dokumente? Die gibt es – freilich nur als eine hypothetische Sammlung von Jesusworten, niedergeschrieben etwa 20 Jahre nach Jesu Tod. Eine Reihe von Exegeten nimmt an, es habe eine solche Sammlung gegeben, die Matthäus und Lukas als gemeinsame Quelle zur Verfügung stand. Als niedergeschriebenen Text gibt es Q aber nicht! Es ist eine rekonstruierte Textsammlung.

Was wissen wir tatsächlich über Jesus?

Es wird den Leser vielleicht überraschen, aber »die *ältesten* und *besten* Quellen«, die wir über das Leben Jesu haben, »sind die vier Evangelien des Neuen Testaments – Matthäus, Markus, Lukas und Johannes. Das ist nicht einfach aus dem Blickwinkel christlicher Historiker gesagt, die (schon quasi von Berufs wegen) eine hohe Meinung vom Neuen Testament und seinem historischen Wert haben. Das ist die Meinung aller ernsthaften Althistoriker jeder Couleur – vom überzeugten evangelikalen Christen bis zum hartgekochten Atheisten … Das ist der Schluss von Hunderten von Wissenschaftlern, die darüber gearbeitet haben, was nun wirklich im Leben des historischen Jesus passierte, Wissenschaftler, die im Unterschied zu Brown … die biblischen Sprachen gelernt haben«, die gelernt haben, antike Quellen in den Originalsprachen zu lesen, und die sich einer seriösen Forschung verpflichtet fühlen (Ehrman, *»Truth and Fiction«,* S. 102 f.).

Bekanntlich gehen die Texte der Evangelien, die ja erst Jahrzehnte nach Jesu Tod entstanden sind, auf mündliche Überlieferung zurück. Schon zu Jesu Lebzeiten erzählten Menschen von ihrer Begegnung mit Jesus. Das setzte sich nach Jesu Tod fort. Und allmählich erwies es sich als zweckmäßig, die mündlichen Berichte aufzuschreiben (siehe auch das Interview mit Rainer Riesner S. 157 ff.).

Dass die Begegnungen unterschiedlich waren, von denen berichtet wird, auch dass man sich unterschiedlich erinnert und dass man das Erinnerte auch unterschiedlich formulieren kann, das belegt ja schon allein die Tatsache, dass wir vier Evangelien, also vier verschiedene Berichte haben. Aber das macht die Botschaft, die jeweils dahinter steht, keineswegs geringer. Denn alle *vier* wollen ja doch nur das eine: Sie alle wollen die frohe Botschaft von Jesus Christus als dem Heiland der Welt weitersagen.

Und noch etwas kommt hinzu, was auf den ersten Blick ein großes Minus zu sein scheint: Wir haben von keinem einzigen Buch der Bibel das Original, sondern nur Abschriften – fürs Neue Testament aber immerhin weit über 5000, die nominelle Zahl liegt gegenwärtig bei 5750. Die ältesten unter ihnen sind in Majuskeln (= Großbuchstaben) zunächst auf Papyrus und ab dem 4. Jahrhundert zunehmend auf Pergament geschrieben. Mit Majuskel bezeichnet man eine fortlaufend (ohne Abstand zwischen den einzelnen Wörtern) großbuchstabige Schrift. Erst im 9. Jahrhundert änderte sich das Schriftbild durch den Gebrauch von Minuskeln, Kleinbuchstaben, und die Einführung von Worttrennungen. Zu den insgesamt über 3000 Texthandschriften kommen auch noch mehr als 2000 Lektionare, die für

den gottesdienstlichen Bedarf hergestellt wurden. Sie enthalten, in der Abfolge des Kirchenjahrs angeordnet, Textabschnitte des Neuen Testaments für die Lesungen im Gottesdienst.
Gelegentlich kam es vor, dass die Herstellung einer Handschrift am Geld zu scheitern drohte. Pergament war sehr teuer, woran heute noch die Redensart erinnert: »Das geht auf keine Kuhhaut.« Nicht selten musste für ein Neues Testament eine ganze Viehherde ihre Haut hergeben. Und so wundert es einen nicht, dass bereits beschriebene Pergamentblätter wiederverwertet wurden. Man hat die alte Schrift abgeschabt (griech.: palimpsestos = wieder abgeschabt – daher rührt auch der Name »Palimpsest« für die so getilgten Texte) und einen neuen Text darüber geschrieben. Was mag da mal gestanden haben? Das möchte man natürlich gerne wissen. Die moderne Technik ermöglicht es heute in der Mehrzahl der Fälle, die Erstbeschriftung weitgehend wieder sichtbar zu machen. Auf diese Weise ist schon so mancher Schatz gehoben worden. Hat man doch in der Regel bei der »unteren« Schrift allein wegen des höheren Alters – wie sich für das Neue Testament erwiesen hat – mit dem wichtigeren Text zu rechnen.
Zu dieser wahrlich reichen Textüberlieferung kommt noch eine große Zahl indirekter Zeugen hinzu. Das sind zum einen die frühen Übersetzungen des Neuen Testaments aus der griechischen Orignalsprache in die verschiedenen Landessprachen – ins Lateinische, Koptische, Syrische usw. Und das sind auch die Belege bei den Kirchenvätern, die in ihren Abhandlungen reichlich aus dem Neuen Testament zitiert haben, um damit die Richtigkeit und Glaubwürdigkeit ihrer Lehre zu begründen. Schon allein damit könnte man annähernd den Text des Neuen Testaments rekonstruieren, selbst wenn man keine einzige Handschrift des Neuen Testaments sonst hätte.
Um noch einmal zu den ältesten Handschriften des Neuen Testaments zurückzukehren: Sie sind auf Papyrus geschrieben, und die bedeutendsten davon hat Alexander Schick im Kapitel 6 (S. 101 ff.) vorgestellt. Nimmt man alle Papyri aus der Zeit um 100–125 (P^{52}) bis um 300 n. Chr. zusammen, hätte man schon ein fast vollständiges Neues Testament. Die klassischen Philologen können von diesem Reichtum der Überlie-

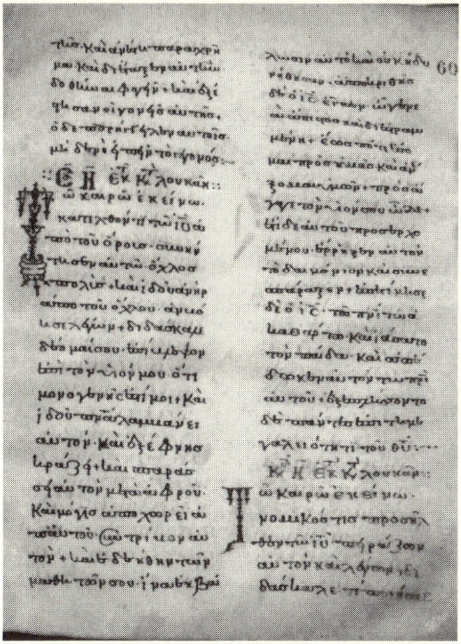

Beispiel einer Palimpsesthandschrift:
Untere Schrift: Majuskel 0233 aus dem 9. Jahrhundert mit Matthäus 21, 30–34.
Obere Schrift: Lektionar 1684 aus dem 13. Jahrhundert mit Lesungen für den Gottesdienst aus dem Lukasevangelium.

ferung nur träumen. Bei den Handschriften der antiken griechischen Schriftsteller beträgt der Abstand zwischen Autor und erhaltenen Handschriften in der Regel 1000 Jahre. Die älteste vollständige Handschrift des berühmten Homer stammt sogar erst aus dem 12. Jahrhundert, ist also vom Autor etwa 2000 Jahre entfernt! Beim Neuen Testament hingegen beträgt der Abstand zwischen Abschrift und Original nur wenige Jahrzehnte, wie im Falle des Johannesevangeliums und dem ältesten Beleg, dem P^{52} (vgl. S. 102 f.). Kein Buch der antiken Weltliteratur ist so gut bezeugt und so gut überliefert!

Natürlich sind die über 5000 erhaltenen Handschriften mit dem Text des griechischen Neuen Testaments nicht sämtlich bis auf den letzten Buchstaben identisch. Darum müssen die Texte immer aufs Neue sorgfältig miteinander verglichen werden. Das ist eine Sisyphusarbeit. Aber da gibt es ja in der Universität Münster das *Institut für neutestamentliche Textforschung*, das inzwischen unter der neuen Leitung von Holger Strutwolf, der 2004 die ehrenvolle Nachfolge von Kurt und Barbara Aland angetreten hat, diese wichtige Arbeit am Text des Neuen Testaments konsequent fortführt. Das Material, das man dafür braucht, ist längst in die Scheunen eingefahren: über 90 % dieser

Handschriften stehen in Münster auf Mikrofilm zur Verfügung. Auf der Grundlage dieses reichen Materials bemüht sich das Institut darum, durch spezielle Methoden herauszufinden, welche Textvarianten bei den vielen Abschriften am ehesten dem ursprünglichen Wortlaut nahe kommen. Jeder Fachmann kennt die vom Münsteraner Institut herausgegebene griechische Textausgabe des Neuen Testaments, den so genannten »*Nestle-Aland*«; er wird in der Forschung, in der Theologie und bei Bibelübersetzungen benutzt. Diese wissenschaftliche Textausgabe des Neuen Testaments ist der Klassiker unter den Veröffentlichungen des Instituts. Zudem gibt es das wissenschaftliche Lehrbuch *Der Text des Neuen Testaments* von Kurt und Barbara Aland, das in jedem neutestamentlichen Proseminar zur Pflichtlektüre gehört. Dieses zentrale (auch in englischer Sprache vorliegende) Werk hat Brown nie eingesehen, sonst hätte er wissen müssen, dass seine Behauptungen zur Kanongeschichte kompletter Unsinn sind.

Über 40 Jahre meines Berufslebens habe ich im Münsteraner Institut an der sorgfältigen Edition des Textes mitarbeiten dürfen. Zu den besonderen Erlebnissen gehörten natürlich die Handschriftenreisen bis in die entlegendsten Klöster und Dörfer. Hunderte von Handschriften galt es aufzustöbern, um sie per Mikroverfilmung nach Münster zu bringen, wo sie bis auf den heutigen Tag für die immer wieder verbessert herausgegebene Ausgaben des griechischen Neuen Testaments ausgewertet werden. Das Hauptziel der Reisen Anfang der 60er Jahre war Griechenland, wo noch heute fast die Hälfte des weltweiten Bestandes in kirchlichen wie städtischen Bibliotheken zu finden ist. Hunderte von Handschriften sind dabei durch meine Hände gegangen; Seite für Seite, Blatt für Blatt wurde vor die Kameralinse genommen. Da bekommt man schon Achtung vor der immens schweren Arbeit der Abschreiber und da gewinnt man auch schnell eine realistische Vorstellung davon, welche Mühe, welche Kraft aufgewendet werden musste, um mit der Hand von diesem einen wichtigen Text immer wieder neue Exemplare herzustellen. Man muss sich klar machen, dass der Buchdruck damals noch nicht erfunden war. Alles musste mühsam mit dem Schilfrohr kopiert werden, Wort für Wort, Buchstabe für Buchstabe.

Mönche in der Bibliothek des Katharinenklosters.

Traumziel der Handschriftenreisen war das weltberühmte Katharinenkloster im Sinai. Dank der Neufunde im Jahre 1975 wurde es zu einem Muss (siehe Kapitel 6, S. 97). Tief beeindruckt hat mich der Abt des Klosters, Damianos, ein hochgebildeter Mann, der nicht nur sehr wohl weiß, was da an Schätzen in seiner Klosterbibliothek schlummert, sondern sich auch unbedingt dafür interessiert, dass sie ausgewertet werden. Mit großer innerer Anteilnahme berichtete er 1981 über den Neufund auf dem Wiener Byzantinistenkongress: »Mit Ehrfurcht betastete ich die Pergamente. Die meisten waren in Majuskelschrift verfasst (Majuskel = Schriftform ohne Abstand zwischen den einzelnen Wörtern in großen Buchstaben). Irgendwann nahm ich ein schönes, dünnes, weißes Pergament wahr. Ich zog es vorsichtig aus dem Haufen heraus, und nachdem ich es entstaubt hatte, sah ich einen vierspaltigen Text und schrie auf: Codex Sinaiticus!« *»Codex Sinaiticus«* – die eine der beiden Vollbibeln, die als Zeugen

für die Zuverlässigkeit unseres Bibeltextes von so großer Bedeutung sind, wie wir in Kapitel 6 (S. 89–98) erfahren haben.
Kurt Aland, der Begründer des Instituts, hat gerne von der Tenazität (Hartnäckigkeit) der neutestamentlichen Texte gesprochen: Mit Hartnäckigkeit wird hier festgehalten, was einmal existiert hat. Einmal aufgekommene Varianten und Textformen gehen nicht unter, sondern werden – und sei es auch nur in wenigen Handschriften – unbeirrbar durch die Jahrhunderte hin fortgepflanzt. Dank der Providentia Dei – der Vorsorge und Fürsorge Gottes –, so hat es Kurt Aland einmal formuliert, hat sich der Text entgegen der Confusio Hominum – der Verwirrung, die Menschen schnell anstiften können – wunderbar erhalten bis in unsere Zeit. Fazit der Forschung: Das Neue Testament ist hervorragend überliefert!

Der Familienstand Jesu

Schauen wir zuerst einmal, was Dan Brown dazu präsentiert: »Die Kirche«, so Brown, »stand vor der Notwendigkeit, die Welt davon zu überzeugen, dass Jesus der Sohn Gottes und nicht etwa ein sterblicher Prophet war. Aus diesem Grund waren sämtliche weltlichen Aspekte des Lebens Jesu aus den Evangelien gestrichen worden. Doch sehr zum Leidwesen der damaligen Bearbeiter tauchte immer wieder ein Störfaktor in den Evangelien auf, nämlich Maria Magdalena – oder genauer, dass Jesus mit Maria Magdalena verheiratet war. … Es handelt sich hier um eine historisch verbürgte Tatsache. [!]« (S. 335) »Außerdem«, so fährt Brown fort, »ist es weitaus sinnvoller anzunehmen, dass Jesus ein verheirateter Mann gewesen ist, als der üblichen Aussage des Neuen Testaments zu folgen, die ihn als Junggesellen hinstellt … weil Jesus Jude war. … Ein zölibatäres Leben war nach jüdischem Brauch undenkbar. Ein Mann musste eine Frau ehelichen, die ihm einen Sohn gebar. Wäre Jesus unverheiratet gewesen, hätte das in mindestens einem der vier Evangelien erwähnt und sein unnatürliches Junggesellentum irgendwie erklärt werden müssen.« (S. 336 f.) Was weiß die Wissenschaft?

»Zur Zeit Jesu und in seinem Umfeld« gab es durchaus männliche Singles, und es ist sicher, dass sie dafür nicht verurteilt wurden (Ehrman, *Truth and Fiction,* S. 155 f.). Es gab zu der Zeit sogar ganz bewusst zölibatär lebende Männer, die in der Endzeiterwartung lebten. Wir wissen das insbesondere von den Essenern: »Kein Essener nimmt eine Frau«, so hat sich Philo von Alexandrien, Philosoph des 1. Jahrhunderts, geäußert. Ähnlich der Historiker Josephus (37–100): »Die Essener meiden die Heirat« – beides jüdische Quellen. Aber auch der römische Gelehrte Plinius bestätigt: »Die Essener verzichteten auf Sex und lebten ohne Frauen.« (Vgl. auch S. 18 ff.)
Inzwischen ist es wohl schon überflüssig, noch zu fragen: Hatte Jesus ein Kind? Aber Brown spinnt den Faden in diese Richtung weiter. Der nicht existenten »Bruderschaft« zufolge war Maria Magdalena zum Zeitpunkt der Kreuzigung schwanger. »Um das ungeborene Kind nicht zu gefährden«, so Brown, »hatte sie keine andere Wahl, als außer Landes zu gehen. Mit der Hilfe des Joseph von Arimatäa, dem vertrauenswürdigen Onkel von Jesus, ist Maria Magdalena heimlich nach Frankreich gereist …, wo sie eine sichere Zuflucht in der dortigen jüdischen Gemeinde fand. Hier in Frankreich hat sie eine Tochter zur Welt gebracht, die den Namen Sarah erhielt.« (S. 349)
In keiner unserer christlichen Quellen, auch nicht in den außerkanonischen oder in den paganen (heidnischen) antiken Texten, gibt es einen Hinweis darauf, dass Jesus verheiratet war oder Kinder hatte. Sämtliche in Frage kommenden Autoren hätten ja, wenn dem so gewesen wäre, ohne weiteres die Möglichkeit gehabt, das zumindest zu erwähnen – und sie hätten es bestimmt mit Vorliebe vorgetragen.
Sonst sind sie doch alle genannt: seine Mutter, sein Vater, seine Brüder (Matthäus 12,46 ff. nennt als die wahren Verwandten Jesu: »da standen seine Mutter und seine Brüder draußen«) und Schwestern, seine Jünger und all die anderen, die ihm gefolgt sind, einschließlich weiterer Frauen. Und es gibt ja auch Hinweise auf die Ehefrauen der Apostel und anderer, die ihm gefolgt sind. Wer behauptet, dass Jesus verheiratet war, kann nicht eine einzige Textquelle als Beleg dafür vorweisen – schlicht und einfach, weil es keine gibt. (Vgl. S. 163 f.)

Warum wird sie Maria Magdalena genannt? Um sie – darin sind sich die Forscher einig – von den anderen Marien im Neuen Testament zu unterscheiden. Da gab es ja Maria, die Mutter Jesu, und Maria von Bethanien, die Schwester von Martha und Lazarus, und Maria, die Mutter des Jakobus und Josefs, die zusammen mit Maria Magdalena beim Kreuz, am Grab und am Ostermorgen erwähnt werden.

Mit Magdalena ist der Ort ihrer Herkunft bezeichnet, die Stadt Magdala – ein Fischerort am Nordwestufer des Sees Genezareth. Wäre Maria Magdalena tatsächlich mit Jesus verheiratet gewesen, hätte man, um sie von den anderen Marien zu unterscheiden, einfach gesagt: das ist die, die mit Jesus verheiratet war.

Maria Magdalena begegnet uns in den Evangelien unter den von Jesus geheilten Frauen (Lukas 8,2). Jesus lässt sie mit sich ziehen (Matthäus 27,55). Als eine der Treuesten steht sie in der Nähe des

Magdala (Pfeil) liegt unweit von Kapernaum am See Genezareth zu Füßen vom Berg Arbel. Die Bezeichnung »Maria Magdalena« bedeutet, Maria »aus Magdala« und zeigt, dass sie unverheiratet war. Geographische Bezeichnungen in Frauennamen hat man damals bei Unverheirateten benutzt.

Kreuzes (Matthäus 27,56) und beim Grab (Matthäus 27,61), das sie am Ostermorgen besuchte (Markus 16,1). Und sie ist die Erste, die dem Auferstandenen begegnet (Johannes 20,11–18 = Markus 16,9). Nicht mehr, aber auch nicht weniger lässt sich über den Platz sagen, den Maria Magdalena im Neuen Testament hat. Es muss also dabei bleiben, dass es keinerlei Belege dafür gibt, dass Maria mit Jesus verheiratet war. Nicht einmal in den späteren Evangelien, die keine Aufnahme in den Kanon gefunden haben, ist davon die Rede, auch wenn Brown dafür angeblich einen Beleg gefunden haben will.

Seine Quelle ist das so genannte Philippus-Evangelium. Es wurde erst 1945 durch den Fund von Nag Hammadi bekannt. Die Papyrusblätter, auf die der nach einer griechischen Vorlage in die koptische Sprache übersetzte Text – möglicherweise schon Ende des 2. Jh. (die Mehrheit der Gelehrten datiert den Text aber eher auf das 3./4. Jh.) – geschrieben ist, weisen zahlreiche Beschädigungen auf. Die dadurch verursachten Textlücken sind nicht immer eindeutig zu ergänzen. Dabei handelt es sich nicht um einen zusammenhängenden Text, sondern um Auszüge aus einem unterschiedlichen Schriftgut, darunter eine Reihe von Sprüchen und Bildwörtern. Brown zitiert daraus: »Und die Gefährtin des Erlösers war Maria Magdalena. Christus liebte sie mehr als seine Jünger und küsste sie oft auf den Mund.« (S. 337) Auf den Einwand: »Von einer Ehe steht hier aber nichts« wird der Leser von *»Sakrileg«* belehrt: »Jeder, der des Aramäischen mächtig ist, wird Ihnen bestätigen, dass das Wort Gefährtin in jenen Tagen nichts anderes als Ehefrau bedeutet hat«. (S. 337 f.) Was weiß die Wissenschaft? Das Philippus-Evangelium ist – wie alle Nag-Hammadi-Texte – in koptischer und *nicht* in aramäischer Sprache geschrieben. Die Nag-Hammadi-Texte haben überhaupt nichts mit der aramäischen Sprache zu tun – einer der vielen Fehler Dan Browns! Und obwohl das dort gebrauchte Wort *Gefährtin* ein Lehnwort aus einer anderen Sprache ist, ist diese andere Sprache wiederum nicht Aramäisch, sondern Griechisch. Und auch in der griechischen Sprache bedeutet dieses Wort (koinonos) in der Tat nicht Ehefrau oder Geliebte, sondern Gefährtin. Es wird generell gebraucht, wenn Freunde oder Gefährten gemeint sind.

Nun ist ja das Manuskript des Philippus-Evangeliums stellenweise abgenutzt und hat eine Reihe von Löchern – da fehlen also bestimmte Wörter. Ausgerechnet diese Passage ist davon besonders betroffen. Damit sind natürlich Spekulationen Tür und Tor geöffnet.

Nicht ein einziger Buchstabe ist von dem gemutmaßten Wort »Mund« zu sehen, und so weiß man nicht, wohin der Kuss sich richtet. Es ist aber bekannt, dass der Kuss in der frühen Christenheit – wie übrigens auch noch heute – ein normaler Gestus der Begrüßung ist. In der frühen Christenheit kannte man den »heiligen Kuss«, um sich zu begrüßen (vgl. Römer 16,16). Nur wer auf der Lauer nach »erotischen Stellen« liegt, findet, was er lesen will.

Aber auch wenn Forscher die Lücke mit »Mund« rekonstruieren, hat das nichts mit einer erotischen Szene zu tun. Das Philippus-Evangelium ist ja ein klassisches Zeugnis für das Gedankengut der Gnosis. Da wird unterschieden zwischen denen, die verstehen können, und denen, die es nicht können, zwischen allgemein verständlichem Wissen und esoterischem Wissen, das nur für Insider erreichbar ist, zwischen unreifen Außenseitern, ganz normalen Christen, und ausgereiften Insidern, Gnostikern. Durch Wissen wird der Mensch erlöst.

Und dieses Wissen kann sich durchaus durch einen Kuss mitteilen: Der Kuss symbolisiert, dass zwei denselben Atem haben und in diesem Atem schöpferisches Wissen teilen.

Dieses Wissen, die Erkenntnis, muss von außerhalb der Welt kommen, und zwar durch einen göttlichen Erlöser, der die Erkenntnis des Heils von oben bringt. Für die christlichen Gnostiker ist Christus der eine, der von oben kommt, um diese Erkenntnis zu bringen. Er ist eben in den gnostischen Texten nicht nur »ein sterblicher Mensch«, wie Brown immer wieder mit Nachdruck behauptet. Ganz im Gegenteil! Im Thomasevangelium, einem der klassischen gnostischen Texte aus der Bibliothek von Nag Hammadi (hier zitiert nach der Synopsis Quattuor Evangeliorum von Kurt Aland) heißt es: »Jesus spricht: Ich bin das Licht, das über allem ist. Ich bin das All. Aus mir ist das All hervorgegangen. Und zu mir ist das All gelangt« (Spruch 77). Sind das die Worte eines sterblichen Menschen? Auch in anderen gnostischen Texten tritt Jesus so in Erscheinung, dass man, gelinde ge-

Das Philippus-Evangelium, einer der Funde aus Nag Hammadi. Die Blätter sind stark durchlöchert. Das abgebildete Blatt enthält die Stelle »Er küsste sie oft auf ...«, doch dann folgt eine Lücke. Von dem gemutmaßten »Mund« ist auf koptisch nicht mal ein einziger Buchstabe zu finden. Selbst wenn man diese späte Schrift als historische Quelle ernst nimmt (was aber sehr zweifelhaft ist, denn diese apokryphe Schrift wurde erst ca. 200 Jahre nach der Zeit Jesu verfasst), so bedeutete ein Kuss in der ersten Christenheit nicht sofort, dass es sich um eine intime Gemeinschaft handelt, wie schon ein Blick ins Neue Testament verrät: »Grüßet euch untereinander mit dem heiligen Kuss« (Römer 16,16; 1. Korinther 16,20 etc.). Diese apokryphe Schrift ist auch nicht in Aramäisch geschrieben, wie Brown schreibt, sondern in Koptisch – einer späten Form des Ägyptischen.

sagt, eben nicht den Eindruck hat, hier spricht oder handelt ein *sterblicher* Mensch. Und je weiter diese Texte sich in ihren Aussagen von der Klarheit der nüchternen und sachlichen Berichte der Evangelien über die Person Jesu entfernen, umso skeptischer wird und muss man sie betrachten. Dazu gehören besonders die so genannten Kindheitsevangelien. Offenbar sollten sie eine Lücke füllen, welche die kanonischen Evangelien frei gelassen haben. So erzählt das Kindheitsevangelium des Thomas Geschichten von Wundern, die der Jesusknabe im Alter zwischen fünf und zwölf Jahren vollbracht haben soll. In Kapitel 4 wird die folgende Begebenheit berichtet: »Hernach ging er (Jesus) abermals durch das Dorf; da stieß ein heranlaufender Knabe an seine Schulter. Jesus wurde erbittert und sprach zu ihm: ›Du sollst auf deinem Weg nicht weitergehen!‹ Sogleich fiel der Knabe hin und starb. Einige aber, die das sahen, was geschah, sagten: ›Woher stammt dieser Knabe, dass jedes Wort von ihm gerade fertige Tat ist?‹ Da kamen die Eltern des Verstorbenen zu Joseph, schalten ihn und sagten: ›Da du so einen Knaben hast, kannst du nicht mit uns im Dorfe wohnen; oder (dann) lehre ihn zu segnen und nicht zu fluchen. Denn er tötet unsere Kinder.‹« Richtig »göttlich« erscheint das Jesuskind im arabischen Kindheitsevangelium: »… die Frau nahm wohlriechendes Wasser, um den Herrn Jesus zu waschen; als sie ihn gewaschen hatte, bewahrte sie jenes Wasser, mit dem sie dies getan hatte, auf und goss einen Teil davon über ein Mädchen, das dort wohnte und dessen Körper von Aussatz weiß war, und sie wusch es damit. Gleich darauf war das Mädchen vom Aussatz gereinigt. Die Bewohner jener Stadt aber sagten: ›Es besteht kein Zweifel: Joseph und Maria und dieser Knabe sind Götter (!), keine (!) Menschen.‹« (Nach Hennecke-Schneemelcher, *Neutestamentliche Apokryphen*, Bd. 1, Evangelien)

Man muss dem verstorbenen Carsten Peter Thiede zustimmen, wenn er in seinem Jesusbuch schreibt: »Ähnlich gestrickt sind viele dieser Geschichten, in denen von destruktiven Wundern neben Heilstaten berichtet wird, stets in dem Versuch, auch das Kind und den Jugendlichen Jesus schon als den mit magischen Kräften versehenen Auserwählten zu kennzeichnen, der sich vor keinem der antiken Halbgötter, Heroen und Wundertäter zu verstecken brauchte … Welches Missverständnis der Person Jesu das ist und mit welcher teils naiven, teils absurden Beharrlichkeit die nüchternen, sachlichen Berichte der Evangelien unterboten werden, ist wohl offensichtlich genug.«

Es mag Dan Brown vielleicht nicht gefallen – aber es waren die offiziellen biblischen Texte, die das Menschliche an Jesus hüteten und gegen die gnostische Vergöttlichung verteidigten. Nicht in der biblischen – in der *außerbiblischen* Literatur wird schon der Knabe Jesus als ein mit magischen Kräften versehener Auserwählter dargestellt. Hier wurde Jesus gerade *nicht* als Mensch gesehen! Ganz anders im Neuen Testament. Da wird uns in den Evangelien ganz menschlich berichtet, wie Jesus müde, hungrig, durstig oder traurig ist. Da wird gerade auch der Mensch Jesus beschrieben. Im Philipperbrief 2,7–9 heißt es daher: Jesus Christus »nahm Knechtsgestalt an, indem er den Menschen gleich geworden ist, und der Gestalt nach wie ein Mensch befunden, erniedrigte er sich selbst und wurde gehorsam bis zum Tod, ja, zum Tod am Kreuz«.

Um auf Maria zurückzukommen: Das Thomasevangelium vermittelt, wie aus dem letzten Logion dieser gnostischen Spruchsammlung hervorgeht, ein Frauenbild, das sich von dem der kanonischen Evangelien radikal unterscheidet: »Simon Petrus sprach zu ihnen: ›Maria soll von uns weggehen, denn die Frauen sind des Lebens nicht wert.‹ Jesus sprach: ›Siehe ich werde sie ziehen, auf dass ich sie männlich mache, damit auch sie ein lebendiger, euch gleichender, männlicher Geist werde. ‹« (Spruch 114). Zumindest nach unserem heutigen Verständnis spiegelt dies doch eine recht problematische Sicht der Frau. Maria soll »männlich« gemacht werden, damit sie die Erkenntnis gewinnen kann. Da sind wir sehr weit vom Neuen Testament entfernt, das deutlich macht: »Denn ihr alle, die ihr auf Christus getauft worden seid, ihr habt Christus angezogen. Da ist nicht Jude noch Grieche, da ist nicht Sklave noch Freier*, da ist nicht Mann und Frau, denn ihr alle seid einer in Christus Jesus«* (Galaterbrief 3,27–28). Jesus Christus hat alle damaligen konventionellen Schranken gebrochen und die Stellung der Frau hervorgehoben. Dies wird besonders deutlich im Gespräch Jesu mit der Samaritanerin (Johannes 4,1–42). Ein guter Jude hatte mit dem Mischvolk der Samaritaner keinen Umgang (Vers 9). Jesus aber wendete sich der Samaritanerin zu und blieb sogar in ihrer Stadt (Vers 40).

Die Beispiele aus den »gnostischen Evangelien« zeigen hingegen deutlich, wie sehr die Gnosis noch in der geistigen Welt der Antike verhaftet ist, in der die Frau die Rolle eines dem Mann nachgeordneten Wesens spielt.

Das alles weiß die Wissenschaft. Aber Gott sei Dank (im wahrsten Sinne des Wortes) hat solches Gedankengut keinen Eingang in den biblischen Kanon gefunden. Für den schon im 2. Jahrhundert als Kanon sich etablierenden Text des Neuen Testaments gibt es Tausende von Zeugen. Dass sie sich an einer Reihe von Stellen durchaus

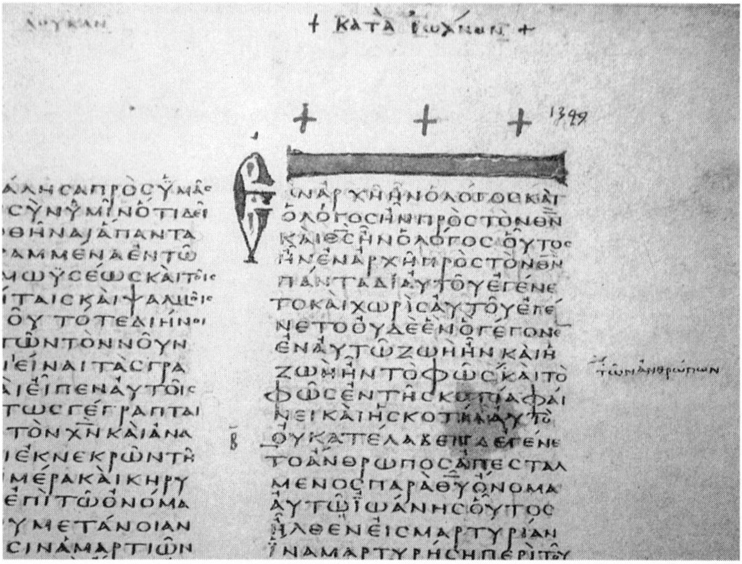

Detail aus dem Codex Vaticanus mit dem Beginn des Johannesevangeliums (rechte Spalte). Auf Deutsch: »Im Anfang war das Wort und das Wort war bei Gott …«

auch unterscheiden, stellt die Zuverlässigkeit im Ganzen keineswegs in Frage, belegt vielmehr, wie wichtig die Arbeit an den griechischen Handschriften ist.

Ein Mitstreiter aus der Wissenschaft hat die Erfahrung mit der Bibel so zusammengefasst: »Staunen kann man nur über die Vitalität und Dynamik der biblischen Erzählungen selbst. Inzwischen schon 2000 Jahre alt, ständig hin und her gewendet, bis aufs letzte Komma hin abgehorcht, mit allen nur denkbaren Methoden traktiert, ist ihr Sinnpotential trotzdem noch immer nicht erschöpft, haben sie sich, wenn man sie richtig und neu zu lesen versteht, noch etwas von der Frische des ersten Tages bewahrt. Im Anfang war das Wort. Und es wird auch am Ende stehen, und wir dürfen in der Zwischenzeit daraus leben.« (Klauck, *Alte Welt und neuer Glaube*, S. 237)

9. Schundmärchen im Wirklichkeitstest

Interview mit einem Jesusforscher

Alexander Schick: Herr Professor Riesner, das Neue Testament steht im Kreuzfeuer der Kritik. Wie gut ist der Text des Neuen Testamentes überliefert? Sind bei den Abschriften nicht Fehler passiert?

Prof. Rainer Riesner: Das Neue Testament ist uns in einer großen Fülle von Abschriften überliefert. Die Anzahl dieser Abschriften ist viel größer als bei jedem vergleichbaren Dokument der damaligen Zeit. Daran können wir sehen, wie es den frühen Christen daran lag, das Neue Testament möglichst weit zu verbreiten. Natürlich passierten bei diesen Abschriften auch immer wieder Abschreibfehler. Es gab geübte Schreiber und weniger geübte. Aber aufgrund der großen Menge von Textzeugen ist es uns möglich, in fast allen Fällen auf den ursprünglichen Text zurückzuschließen. Das ist die Aufgabe der so genannten »Textkritik«. Sie hat in den letzten hundert Jahren sehr viel geleistet. Wer heute eine griechische Ausgabe des Neuen Testamentes in der Hand hält, der kann sich sicher sein, dass er an allen wichtigen Stellen des Neuen Testamentes den ursprünglichen Text findet. Es ist vor allem wichtig festzustellen, dass die Botschaft von Jesus Christus, wie sie in den verschiedenen Abschriften der neutestamentlichen Bücher deutlich wird, wirklich übereinstimmt. Wir bekommen durch die verschiedenen Abschriften kein anderes Bild. Jesus Christus ist immer derselbe im Neuen Testament.

Prof. Rainer Riesner

Alexander Schick: Sie würden also sagen, dass die Evangelien zuverlässig überliefert worden sind?

Prof. Rainer Riesner: Für die Frage nach der Zuverlässigkeit der Evangelien ist die Frage von Bedeutung: Wann wurde zum ersten

Mal etwas aufgeschrieben? Es gibt eine einflussreiche Forschungsrichtung, die eher mit einer späten Niederschrift rechnet. Aber das muss nicht so gewesen sein. Wir wissen aus der damaligen Zeit, wie schnell man wichtige Dinge aufgeschrieben hat, und natürlich war den ersten Christen die Botschaft von Jesus Christus unendlich wichtig. Wir müssen auch bedenken, dass sich das frühe Christentum sehr rasch über Jerusalem und Israel hinaus verbreitet hat. Das aber hat schon im ersten Jahrzehnt bedeutet, dass viele neu gegründete Gemeinden keinen Augenzeugen der Geschichte Jesu unter sich hatten, den sie hätten befragen können. Wie sollten solche Gemeinden zuverlässige Nachricht von Jesus bekommen? Eine Möglichkeit war, ihnen etwas aufzuschreiben, so dass zumindest die leitenden Leute in der Gemeinde etwas in der Hand hatten, mit dessen Hilfe sie dann die Gemeinde über Jesus, seine Geschichte, seine Worte und seine Bedeutung unterrichten konnten.

Alexander Schick: Nun fällt aber jedem Bibelleser auf, dass es Unterschiede zwischen den Evangelienberichten gibt. Dies wird immer wieder als Argument gegen die Zuverlässigkeit der Evangelienüberlieferung vorgebracht. Wie erklären Sie sich die Unterschiede?

Prof. Rainer Riesner: Es gibt nicht nur eine Erklärung dafür. So ist z. B. festzuhalten: Jesus hat in mehreren Sprachen gepredigt und gelehrt. In Galiläa war die Umgangssprache Aramäisch und weil Jesus große Volksmassen erreichen wollte, verkündigte er dort in Aramäisch. Aber es gab auch noch die hebräische Sprache, vor allem als Sprache der Schriftgelehrten. In Jerusalem und seiner Umgebung lebten zudem Juden, die Hebräisch als Umgangssprache hatten. Dann gab es auch noch Juden und Heiden im Land Israel, die nur Griechisch verstanden. Mit ihnen musste Jesus Griechisch reden. Aber die meisten seiner Worte sind ursprünglich entweder in Aramäisch oder in Hebräisch gesprochen worden. Sie mussten sehr bald ins Griechische übersetzt werden. Nun kennen wir alle die Erfahrung, dass solche Übersetzungen, auch wenn sie den Sinn richtig wiedergeben, im Wortlaut durchaus abweichen können. Und damit haben wir einen wichtigen Grund für die Abweichungen hinsichtlich der Worte Jesu bei den verschiedenen Evangelisten.

Alexander Schick: Die Worte Jesu sind doch am Anfang sicher mündlich weitergegeben worden, also aus der Erinnerung heraus. Ein Voicerekorder ist ja damals nicht mitgelaufen. Wie können wir sicher sein, dass dabei nicht Veränderungen an der Lehre Jesu vorgenommen wurden?

Prof. Rainer Riesner: Auch wenn sehr früh Worte Jesu aufgeschrieben worden sind – es gab auf alle Fälle eine Zeit, in der diese Worte mündlich weitergegeben worden sind. Ist das nun nach dem Verfahren geschehen, das wir von der »Stillen Post« her kennen? Am Anfang beginnt einer und dann geben mehrere es weiter und am Schluss kommt etwas ganz anderes heraus. Nun – damit dürfen wir die Überlieferung der Worte Jesu gerade nicht vergleichen. Sondern wir müssen uns die damalige Zeit ansehen. Wie haben jüdische Lehrer dafür gesorgt, dass ihre wichtigen Lehrsätze von anderen behalten und zuverlässig weitergegeben werden konnten? Sie haben das Wichtigste ihrer Lehre in kurzen Sätzen zusammengefasst und diese auch noch sprachlich so geformt, dass sie leicht zu behalten waren. Genau so hat es Jesus auch gemacht. Und das ist einer der Gründe, warum er in den Evangelien oft Lehrer, oder mit dem hebräischen Wort: Rabbi, genannt wird. Auch er hat Kernsätze seiner Lehre formuliert, die kurz und sehr einprägsam geformt waren. Das sind die Worte, die wir vor allem in den ersten drei Evangelien nach Matthäus, Markus und Lukas gesammelt vorfinden.

Alexander Schick: Wie muss man sich das mit den Kernsätzen vorstellen?

Prof. Rainer Riesner: Ein Beispiel für einen solchen Kernsatz seiner Lehre, den Jesus geprägt hat, wäre: *»Wer sein Leben gewinnen will, der wird es verlieren. Wer aber sein Leben verliert, der wird es gewinnen«.* Das ist durch Kürze und Form ein Satz, den man sich im Grunde genommen schon durch einmaliges Hören unverlierbar einprägen kann. Durch die Wiederholung von Satzgliedern wurde die Botschaft eindrücklich und man konnte sie gut behalten. So konnten auch Menschen, die nicht gleich etwas zu schreiben hatten, sich wichtige Aussagen Jesu im Gedächtnis einprägen. Am allerbesten konnten das natürlich seine Jünger, denn die hörten Jesus nicht nur ein- oder zweimal, sondern hörten ihn ständig. Solche Sätze hat Jesus zudem auch öfters wiederholt, so dass seine Jünger sie im Gedächtnis behalten konnten.

Alexander Schick: Was denken Sie über den Roman *»Sakrileg«*?

Prof. Rainer Riesner: Viele verschlingen im Augenblick den Bestseller *»Sakrileg«*. Darin werden kühne Behauptungen aufgestellt, z. B., dass es heute noch Nachkommen Jesu gibt. Der Autor Dan Brown beruft sich dabei auf Bücher, die schon vor langer Zeit erschienen sind. Sie sorgten eine Zeit lang für großes Aufsehen, wurden dann aber sehr schnell von Fachleuten widerlegt. Zu diesen Bestsellern vor *»Sakrileg«* gehörte auch das Buch *»Verschlusssache Jesus«*. Es erregte großen Wirbel und großes Aufsehen. Aber sehr bald wurde deutlich, dass die sachlichen Behauptungen dieses Buches hinten und vorne nicht stimmten. Alle Fachleute, ob Christen, Juden oder auch Atheisten, waren von der Haltlosigkeit der Argumente in *»Verschlusssache Jesus«* überzeugt. Zusammen mit Professor Otto Betz habe ich damals ein international stark beachtetes Antwortbuch verfasst unter dem Titel: *»Jesus, Qumran und der Vatikan – Klarstellungen«*. In unserem Buch haben wir die Thesen von *»Verschlusssache Jesus«* kritisch überprüft und deren Haltlosigkeit aus wissenschaftlicher Sicht dargelegt. Es muss in aller Klarheit festgestellt werden, es hat nie eine »Verschlusssache Jesus« gegeben! Alle Qumrantexte können heute eingesehen werden. Die Fachleute sind sich einig, Jesus wird in keinem einzigen Qumrantext erwähnt, weder mit Namen, noch in irgendeiner Weise verschlüsselt. Auch in *»Sakrileg«* haben wir es mit reiner Phantasie zu tun, die geschickt aufbereitet und noch geschickter vermarktet wurde. Viele Menschen lassen sich davon beeindrucken. Sie werden dabei aber leider auf eine völlig falsche Fährte geführt.

Alexander Schick: Dan Brown lässt sein ganzes Romankonstrukt auf Qumran fußen. Welche religionsgeschichtliche Bedeutung haben für Sie die Schriftrollen vom Toten Meer, die Funde aus den Höhlen von Qumran?

Prof. Rainer Riesner: Die Texte von Qumran sind für uns von großer Bedeutung, wenn es um die jüdische Messiaserwartung geht. Es gab Forscher, die behaupteten, diese Erwartung habe zur Zeit Jesu überhaupt keine große Rolle gespielt. Jetzt besitzen wir jüdische

Originalschriften, die uns zeigen, wie fromme jüdische Menschen mit großer Intensität und Hoffnung auf den Beginn der messianischen Zeit gewartet haben. Und genau hier begegnen wir dem großen Unterschied zum Neuen Testament. Es gibt keinen einzigen Qumrantext, der sagt, der Messias ist schon da. Aber genau das ist es, was wir auf fast jeder Seite des Neuen Testaments lesen: Der Messias ist gekommen und sein Name ist Jesus von Nazareth.

Alexander Schick: Was bedeutet für Sie als Wissenschaftler die Person Jesu Christi?

PROF. RAINER RIESNER: Schon allein als geschichtliche Gestalt ist Jesus ungeheuer faszinierend. Das sieht man auch daran, dass wir auf dem Büchermarkt geradezu einen Boom von Jesus-Darstellungen erleben. Dabei steht jeder in der Gefahr, sein Idealbild von Jesus in die Quellen hineinzulesen. Da ist es umso wesentlicher, dass wir die Quellen selbst wirklich ernst nehmen. Welches Bild von Jesus bekommen wir da?

Jesus, so sagen es alle Evangelien übereinstimmend, hat beansprucht, der Messias zu sein, das heißt jene im Alten Testament vorausgesagte Gestalt, auf die viele Juden alle ihre Hoffnung setzten. Diese Hoffnung allerdings schien gescheitert. Jesus wurde gekreuzigt. Und nun kommt die Stelle, wo sich auch die Wege der Forscher trennen. War Jesus, wenn auch gescheitert, ein faszinierender jüdischer Lehrer? Hat er sich geirrt mit seinem Anspruch, der Messias zu sein? Oder gibt Gott selber die Antwort auf diese Frage, indem er Jesus von den Toten auferweckt und so seinen Anspruch bestätigt? Hier ist die Stelle, wo auch jeder Forscher Farbe bekennen muss. Entweder er folgt den Berichten des Neuen Testamentes und stimmt in das Bekenntnis ein: Ja, Gott hat den Gekreuzigten vom Tode auferweckt. Dann aber wird für den Forscher – und so ist es für mich der Fall – Jesus noch viel mehr als ein faszinierender jüdischer Lehrer. Dann wird verständlich, dass schon die ersten Judenchristen in Jerusalem zu diesem Gekreuzigten und Auferweckten gebetet haben. Das war eine Revolution in der jüdischen Religionsgeschichte. Und das zeichnet auch heute noch authentischen, christlichen Glauben aus. Und in diesen authentischen christlichen Glauben möchte ich mit einstimmen. Jesus Christus, er ist nicht nur der Messias Israels, er ist der Sohn Gottes, er ist der Erlöser der ganzen Welt, aller Menschen. Von mir selbst und von jedem anderen, der daran glaubt.

Alexander Schick: Welche Bedeutung hat Ostern für Sie?

Prof. Rainer Riesner: Wir Christen heißen mit unserem Namen nach Jesus Christus. Er ist also entscheidend für unseren Glauben. Entscheidend ist vor allem, ob er heute noch lebt. Und deshalb ist es von unendlicher Wichtigkeit, ob das Grab am dritten Tag nach seiner Kreuzigung leer aufgefunden wurde oder nicht. Nur wenn das der Fall war, können wir sicher sein, Jesus lebt auch noch heute. Die Auffindung des leeren Grabes ist in mehreren Quellen bezeugt. Wir haben nicht nur die Evangelien als Hinweis, sondern sogar schon den Apostel Paulus, der seine Briefe vor den Evangelien geschrieben hat; er sagt im 1. Korintherbrief, Kapitel 15 ganz deutlich: Jesus wurde aus dem Grab auferweckt und das heißt in der Schlussfolgerung – das Grab war leer!

Alexander Schick: Herr Professor Riesner, haben Sie vielen Dank für das Gespräch.

Der Jesusforscher Dr. Rainer Riesner ist Professor für Neues Testament an der Fakultät Humanwissenschaften und Theologie der Universität Dortmund. Seine Promotionsschrift »Jesus als Lehrer. Eine Untersuchung zum Ursprung der Evangelien-Überlieferung« (Tübingen) liegt in der 3. Auflage vor. Weltweit bekannt wurde Professor Riesner vor allem durch seine Forschungen über die Schriftrollen vom Toten Meer sowie die Beziehungen zwischen Essenern und der frühen Christenheit. Ein internationaler Bestseller (6 Auflagen) wurde sein Sachbuch »Jesus, Qumran und der Vatikan – Klarstellungen« (Gießen 1998), das er zusammen mit dem inzwischen verstorbenen Judaisten Prof. Otto Betz verfasst hatte. Das Antwortbuch auf die »Verschlusssache Jesus« wurde auch als Sonderausgabe unter dem Titel »Verschwörung um Qumran? Jesus, die Schriftrollen und der Vatikan« (Rastatt 1999) veröffentlicht. Prof. Riesner betreute auch die deutschsprachige Ausgabe des ausgezeichneten Sachbuchs von Prof. Darell L. Bock »Die Sakrileg-Verschwörung. Fakten und Hintergründe zum Roman von Dan Brown« (Gießen 2006).

10. Die geheime Frau von Jesus

Interview mit einer Qumranforscherin

Alexander Schick: Frau Pfann, wie finden Sie *»The Da Vinci Code«*?

CLAIRE PFANN: Der Roman ist spannend und handelt von vielen bedeutenden Persönlichkeiten und Begebenheiten aus der Zeit des Neuen Testaments. Wenn man aber dann *»The Da Vinci Code«* sehr genau betrachtet, dann erkennt man, dass da unglaublich viele Fehler in dem Bild sind, das Dan Brown über das früheste Christentum zeichnet.

Alexander Schick: Können Sie das bitte konkretisieren?

CLAIRE PFANN: Dan Brown behauptet z. B., dass Maria Magdalena die geheime Frau von Jesus gewesen sei. Aber da führt er einen vergeblichen Kampf, denn er kann keine Belege für seine These anführen. Er argumentiert mit dem Schweigen der Quellen.

Claire Pfann

Alexander Schick: Warum lehnen Sie die These ab, dass Maria und Jesus ein Liebespaar gewesen sind?

CLAIRE PFANN: Jesus war für seine Zeit außergewöhnlich. Die meisten Juden waren damals verheiratet und nahmen sich eine Frau. Aber Jesus fiel aus der Rolle; er war nicht verheiratet. Das ist das übereinstimmende Bild im gesamten Neuen Testament. Betrachten wir im Besonderen die Passage im 1. Korintherbrief Kapitel 9, Vers 5 wo Paulus sagt: »Haben wir etwa kein Recht, eine Schwester als Frau mitzunehmen, wie die übrigen Apostel und die Brüder des Herrn und Petrus?« Paulus beruft sich hier auf das Recht, eine Frau nehmen zu dürfen. Er führt als Beispiel berühmte Führer der Urkirche an, die verheiratet waren, wie Petrus oder die anderen Apostel. Er erwähnt aber nicht, dass Jesus eine Frau hatte. Aber das müsste man doch hier erwarten, wenn Jesus verheiratet gewesen wäre. Jesus hätte ganz oben in der Liste von Paulus gestanden, als ein Beispiel, warum es für ihn möglich sein würde, zu heiraten.

Alexander Schick: Wie würden Sie die Beziehung zwischen Jesus und Maria Magdalena sehen?

Claire Pfann: Wenn wir uns die Beziehung zwischen Jesus und Maria Magdalena genauer anschauen, dann erschließt sich das Bild von einem Lehrer und seiner Jüngerin, dem Retter und einer demütigen Nachfolgerin. Maria Magdalena war eine sehr wichtige und beständige Zeugin für Jesu gesamten Dienst. Das Lukasevangelium berichtet uns im 8. Kapitel, dass Maria mit Johanna, Susanna und anderen Frauen zu den Nachfolgern Jesu gehörte und dass sie mit ihrer persönlichen Habe Jesus und die zwölf Jünger fortwährend bei der Arbeit unterstützten. Aber nirgendwo findet man in der Schrift auch nur eine einzige versteckte Andeutung von einer romantischen Beziehung zwischen Jesus und Maria! Wir sollten mit unserer heutigen Phantasie nichts in die Bibel hineinlesen oder hineininterpretieren, was sie einfach nicht hergibt.

Alexander Schick: Frau Pfann, haben Sie vielen Dank für das Interview!

Die amerikanische Theologin Claire Pfann ist Assistant Dean for Academic Affairs an der University of the Holy Land in Jerusalem. Zusammen mit ihrem Mann Stephan J. Pfann, einem der Mitglieder im internationalen Schriftrollenteam, hat sie etliche Spezialstudien zu den Schriftrollen vom Toten Meer veröffentlicht. In deutschen und amerikanischen Fernsehsendungen ist die prominente Expertin für die Zeit Jesu ein gefragter Gast.

11. Der Heilige Gral und das letzte Abendmahl

Dichtung und Wahrheit

Kaum ein Künstler hat unsere abendländische Vorstellung vom letzten Abendmahl Jesu mit seinen Jüngern so nachhaltig geprägt wie Leonardo da Vinci. Doch entspricht sein *Letztes Abendmahl* dem historischen Abendmahl? Wie genau war Leonardos Kenntnis des antiken Judentums und der Bibel? Was können wir heute über das berühmteste aller Festmähler wirklich wissen?

Wo ist der 12. Jünger?

Im Mittelpunkt des Gemäldes sieht man Jesus Christus – allerdings dargestellt als einen Christen der Renaissance und nicht als einen Juden aus dem 1. Jahrhundert. Sein Aussehen, seine Kleider - alles völlig untypisch für das antike Judentum (vgl. das Foto S. 40/41). Bis heute stellt man sich in der Kunst Jesus Christus oft vor wie einen Europäer. Als ein jüdischer Freund vor einiger Zeit in einem evangelischen Gemeindesaal einen Vortrag hielt und hinter sich ein Bildnis eines blondgelockten Jesu sah, meinte er: »Schauen Sie, was Sie aus dem Juden Jesus gemacht haben. Einen blonden Germanen!« Und er hatte Recht: Mit dem Christus der Bibel, mit dem Jesus des antiken Judentums haben diese Bilddarstellungen nichts gemein. Es sind Phantasieprodukte des jeweiligen Malers. So auch der Christus beim *Letzten Abendmahl* von Leonardo. Eine historisch verlässliche Aussage über das, was sich beim Abendmahl 33 n. Chr. ereignet hat, kann das berühmte Gemälde daher nicht geben. Ganz im Gegenteil! Das Bild ist voller historischer Fehler, wie wir gleich noch im Detail sehen werden.

Was von Dan Browns Gemäldeinterpretation des *Letzen Abendmahls* zu halten ist, hat Prof. Zöllner im Kapitel 3 (S. 40-43) deutlich gemacht: »Völliger Unsinn!« Im Film *»The Da Vinci Code«* wird dem

Zuschauer Browns Gemäldeinterpretation mit modernster Technik auf einem High-Tech-Bildschirm in Teabings Arbeitszimmer vorgeführt. Als Renderzeichnung erscheint die Person neben Jesus, und Teabing erklärt: »Meine Liebe, das ist Maria Magdalena.« (Vgl. Goldsman, *»The Da Vinci Code«*, S. 123) Diese Gleichsetzung der Person mit Maria ist unhaltbar, wie Prof. Zöllner aufgezeigt hat. Viele sind jedoch von Dan Browns Interpretation so fasziniert, dass Bücher mit Abbildungen des *Letzten Abendmahls* zurzeit reißenden Absatz finden. Kaum einer hat sich aber gefragt, wo ist denn der 12. Jünger, wenn die Person neben Jesus wirklich Maria sein sollte? Ein Abendmahl mit nur elf Jüngern? Das wäre zur Zeit Leonardos ein echtes Sakrileg gewesen. Nur wenige Dan Brown-Fans machen sich klar, dass ein Gemälde, das Ende des 15. Jahrhunderts entstand, nichts über das historische Abendmahl aussagen kann, dass über 1450 Jahre zuvor stattgefunden hat. Es zeigt lediglich, wie sich der Maler das Abendmahl vorgestellt hat.

Spurensuche im 1. Jahrhundert

Um zu verstehen, was sich beim letzten Abendmahl genau ereignet hat, wie es gefeiert wurde, warum es das bedeutendste Ritual in der Christenheit wurde und ob es einen Heiligen Gral gegeben hat bzw. was der Gral überhaupt ist (ein Kelch?), müssen wir etwas tun, was Leonardo da Vinci nicht gemacht hat. Wir müssen uns auf Spurensuche in das Jerusalem des 1. Jahrhunderts begeben, in die Zeit, in der Jesus lebte und wirkte. Die moderne Archäologie in Israel hat aus der Zeit Jesu geradezu sensationelle Funde ans Tageslicht gebracht, so dass man heute sogar die Frage beantworten kann, wie das Trinkgefäss beim Abendmahl aussah, das später als Gral zu einer der bedeutendsten Reliquien im Mittelalter werden sollte.

Jesus war nach Jerusalem gekommen, um mit seinen Jüngern das Passamahl zu halten. Das Passafest (oder Pessach) ist eines der großen jüdischen Feste, das auch heute noch im Judentum auf der ganzen Welt gefeiert wird. In Lukas 22, 1–2 und 8–13 wird berichtet: *»Es war aber nahe das Fest der ungesäuerten Brote, das Passa heißt. Und die Hohenpriester und Schriftgelehrten trachteten danach, wie sie ihn töten könnten; denn sie fürchteten sich vor dem Volk … Und er sandte Petrus und Johannes und sprach: Geht hin und bereitet uns das Passamahl, damit wir's essen. Sie aber fragten ihn: Wo willst du, dass wir's bereiten? Er sprach zu ihnen: Siehe, wenn ihr hineinkommt in die Stadt, wird euch ein Mensch begegnen, der trägt einen Wasserkrug; folgt ihm in das Haus, in das er hineingeht, und sagt zu dem Hausherrn: Der Meister lässt dir sagen: Wo ist der Raum, in dem ich das Passamahl essen kann mit meinen Jüngern? Und er wird euch einen großen Saal zeigen, der mit Polstern versehen ist; dort bereitet es. Sie gingen hin und fanden's, wie er ihnen gesagt hatte …«*

Zur Zeit Jesu kamen bis zu einer Viertelmillion Pilger nach Jerusalem, um das Fest in der Stadt beim Tempel Gottes zu feiern.

Die Wurzeln des Passafestes gehen zurück auf den Auszug der Kinder Israels aus Ägypten. Mose sollte Gottes Volk aus der Sklaverei

Rekonstruktion des Tempels zur Zeit Jesu. Zu den großen Festen strömten über eine Viertelmillion Pilger nach Jerusalem.

herausführen. Da aber der Pharao sich weigerte, die Israeliten ziehen zu lassen, schickte Gott die 10 bekannten *»biblischen Plagen«* (2. Mose 7,14 ff.). Als 10. Plage hatte Gott die Tötung der Erstgeburt unter den Ägyptern angekündigt (2. Mose 11,1-10). Den Kindern Israel aber gebot er: *»Ihr sollt aber ein solches Lamm nehmen, an dem kein Fehler ist, ein männliches Tier, ein Jahr alt ... Da soll es die ganze Gemeinde Israel schlachten gegen Abend. Und sie sollen von seinem Blut nehmen und beide Pfosten an der Tür und die obere Schwelle damit bestreichen an den Häusern, in denen sie's essen, und sollen das Fleisch essen in derselben Nacht, am Feuer gebraten, und ungesäuertes Brot dazu und sollen es mit bitteren Kräutern essen ... So sollt ihr's aber essen: Um eure Lenden sollt ihr gegürtet sein und eure Schuhe an euren Füßen haben und den Stab in der Hand und sollt es essen als die, die hinwegeilen; es ist des* HERRN *Passa. Denn ich will in derselben Nacht durch Ägyptenland gehen und alle Erstgeburt schlagen in Ägyptenland unter Mensch und Vieh und will Strafgericht halten über alle Götter der Ägypter, ich, der* HERR. *Dann aber soll das Blut euer Zeichen sein an den Häusern, in denen ihr seid: Wo ich das Blut sehe, will ich an euch vorübergehen und die Plage soll euch nicht widerfahren, die das Verderben bringt, wenn ich Ägyptenland schlage.« (2. Mose 12,5–13)*

Der Name Passa bedeutet »vorbeigehen« und erinnert an das Vorbeigehen des Würgeengels an den Häusern der Israeliten, die vor der 10. Plage verschont blieben (2. Mose 12,27). Seit Jahrhunderten wurde das Passafest als Erinnerung an den Auszug gefeiert, denn Gott hatte geboten: *»Ihr sollt diesen Tag als Gedenktag haben und sollt ihn feiern als ein Fest für den* HERRN, *ihr und alle eure Nachkommen, als ewige Ordnung.«* (2. Mose 12,14) Während des Essens erzählt der jüdische Hausvater seinen Kindern die Geschichte des Exodus, gemäß dem Auftrag Gottes: *»Und wenn eure Kinder zu euch sagen werden: Was habt ihr da für einen Brauch?, sollt ihr sagen: Es ist das Passaopfer des* HERRN, *der an den Israeliten vorüberging in Ägypten, als er die Ägypter schlug und unsere Häuser errettete.«* (2. Mose 12, 26-27)

Zur Zeit Jesu ließen die Juden zum Passafest einjährige Lämmer am Tempel schlachten. Man schätzt, dass es ca. 30 000 Tiere waren. Es erinnerte jeden Juden an die Rettung seiner Vorfahren aus der Sklaverei und vor der 10. Plage. Aber auch an die Sündhaftigkeit des Menschen, der sich nicht ohne weiteres in die Nähe Gottes begeben kann. Das Blut der Passalämmer wurde aber nicht mehr an die Türpfosten gestrichen, sondern am Fuße des Brandopferaltars im Tempel vergossen, wie es in 3. Mose 1,5 vorgeschrieben ist. Ein Stück von jedem Lamm wurde auf dem Brandopferalter verbrannt und ging in Rauch auf (3. Mose 1,13). Der Rest wurde feierlich beim Passafest im Kreise der Familie verzehrt.

Ein Passalamm konnte man nur am Tempel für die Feier kaufen, es musste ja kultisch rein sein. Dies aber war weder Jesus noch einem seiner Jünger möglich, denn Jesus wurde von der Tempelpolizei »steckbrieflich« gesucht. In Lukas 22,2 steht: *»Und die Hohenpriester und Schriftgelehrten trachteten danach, wie sie ihn [Jesus] töten könnten.«* Jesus konnte also nur ein Passamahl ohne das Passalamm mit seinen Jüngern feiern. Nirgendwo wird in den Evangelien erwähnt, dass Jesus und die Jünger ein Passalamm verzehren. Die Lutherbibel übersetzt das griechische Wort *»Passa«* interpretierend als *Passalamm.* Es bedeutet aber *Passa[mahl].*

Da weder Jesus noch seine Jünger aus Jerusalem stammten, mussten sie einen Raum für das Fest finden. Jesus sagte: *»Siehe, wenn ihr hineinkommt in die Stadt [Jerusalem], wird euch ein Mensch begegnen, der trägt einen Wasserkrug; folgt ihm in das Haus, in das er hineingeht, und sagt zu dem Hausherrn: Der Meister lässt dir sagen: Wo ist der Raum, in dem ich das Passamahl essen kann mit meinen Jüngern?«* (Lukas 22, 10–11)

Das Wasser konnte man damals nur am Siloahteich schöpfen, der sich unterhalb des Tempelberges zwischen dem Käsemacher- und dem Kidrontal befand (heute: Stadt Davids). Dieser Teich ist erst im Sommer 2004 von israelischen Archäologen wieder entdeckt worden. Das Becken mit großen steinernen Stufenreihen wurde als jüdisches Ritualbad genutzt und hat immense Ausmaße. Bisher ist nur ein Teil

Der Zionsberg liegt knapp 1,5 km südwestlich vom Tempelberg in Jesrusalem. Nach Meinung etlicher Forscher hat sich hier der Abendmahlssaal befunden. Im Bild: die katholische Kirche Dormitio Sanctae Mariae. Der traditionelle Abendmahlssaal be findet sich in dem Gebäude ganz links im Bild.

ausgegraben, aber man schätzt die Größe auf ca. 500 m^2. Dies war nach dem neutestamentlichen Bericht auch der Ort der Heilung des Blindgeborenen (Johannes 9,1–7).

Hier bei diesem Teich bemerken die Jünger einen Mann mit einem Wasserkrug, doch eigentlich war das Wasserhohlen in der Antike Arbeit der Frauen. Nur eine Gruppe lebte damals zum Teil ohne Frauen - die Essener. So vermuten etliche Forscher, dass es sich bei dem Mann um einen Essener gehandelt hat, die in Jerusalem ein eigenes Stadtviertel hatten. Sie galten als gastfrei und könnten Jesus und seinen Jüngern einen ihrer Gästeräume zur Verfügung gestellt haben. Ebenso wie Jesus kritisierten die Essener die Tempelpriesterschaft von Jerusalem auf das Heftigste, ein möglicher Grund, warum man ihm den Gastraum ohne weitere Fragen überließ. Dies war nicht ganz ungefährlich, denn Jesus wurde ja bereits »steckbrieflich« von

der Tempelbehörde gesucht. Das Essenerviertel wird auf dem sog. Zionsberg in Jerusalem lokalisiert (vgl. Riesner, *Essener und Urgemeinde in Jerusalem*, S. 78 ff.). Hier wird auch seit Jahrhunderten das sog. »Coenaculum« - das Obergemach – als Ort des letzten Abendmahls und auch als Versammlungsort der ersten Christen verehrt. Es ist übrigens genau dieser Ort, den Dan Brown als Sitz der »Bruderschaft von Zion« ausgibt. Diese hat es aber nachweislich nie gegeben.
70 n. Chr. ist das Gebäude im 1. jüdischen Krieg von den Römern zerstört worden. Später wurde das Haus wieder aufgebaut und war auch als erste Kirche genutzt worden. Als 1099 die Kreuzfahrer kamen, war der Ort wieder verfallen, und sie bauten ihn neu auf. 1219 wurde die Kirche und der Abendmahlssaal von den Ägyptern zerstört. Im 14. Jh. übertrug der Papst den Franziskanern diese Stätte, die sie in der heutigen gotischen Gestalt wieder aufbauten. Im 16. Jh. wurde die christliche Stätte von den Moslems in eine Moschee umgewandelt. Heute darf der Besuch des Abendmahlssaales bei keiner Israelreise fehlen, doch jeder Tourist ist enttäuscht, denn von dem ursprünglichen Saal ist nichts erhalten. (Siehe Foto S. 172)

Sitzen oder liegen?

»Und am Abend kam Jesus mit den Zwölfen«, berichten uns die Evangelien weiter (Markus 14,17). Auch hier müssen wir erkennen, wie ungenau Leonardo das Abendmahl wiedergegeben hat. In seinem Gemälde fällt Licht durch die Fenster (vgl. Foto S.40/41). Doch es war ein Mahl am Abend.
Die meisten Abendmahlsgemälde, so auch das von Leonardo da Vinci, stellen Jesus und seine Jünger hinter einem großen länglichen Tisch sitzend dar. Damit der Betrachter alle Gesichter gut sehen kann, sind diese Tische wie bei einer öffentlichen Versammlung gestellt, wo der Vorstand den Besuchern gegenüber sitzt. Dies hat zwar den Vorteil, dass der Betrachter des Gemäldes alle Personen sehr gut sehen kann, nur historisch korrekt ist es keineswegs für eine Mahlfeier im 1. Jahrhundert. Nicht zuletzt aufgrund von Ausgrabungen weiß

Der traditionelle Abendsmahlsaal auf dem Zionsberg. Gotische Säulen tragen das Gewölbe des 10 x 18 m großen Raumes, den die Franziskaner im 14. Jh. erneuert haben. Kein Besucher kann mehr erahnen, wie der Raum zur Zeit Jesu ausgesehen hat, dafür ist das Gebäude zu oft zerstört und immer wieder neu aufgebaut worden

man, dass man damals in einer hufeisenförmigen Art um einen Tisch herum auf Bänken gelegen hat (vgl. Rekonstruktion auf S. 43). So berichtet dies auch das Johannesevangelium: *»Es war aber einer unter seinen Jüngern, den Jesus lieb hatte, der lag bei Tisch an der Brust Jesu.«* (Johannes 13,23) In Leonardos Abendmahlsbild fehlt dieses Detail, denn er hat ja die Jünger fälschlicherweise als am Tisch aufrecht sitzend dargestellt.

Aber auch die Darstellung des Festmahls ist bei Leonardo völlig unhistorisch. Es gab weder dicke Brotlaibe noch Fisch, wie man dies durch das *Letzte Abendmahl* denken könnte. Zu einer Passafeier gehören neben dem Lamm noch weitere Gerichte: bittere Kräuter als Erinnerung an den bitteren Geschmack der ägyptischen Sklaverei und ungesäuertes Brot, das ohne Hefe gebacken wurde, als Erinnerung an das Brot, das beim hastigen Aufbruch aus Ägypten keine Zeit zum

Aufgehen hatte. Das Matzebrot ist sehr dünn und knackig. Es hat nichts mit den dicken Brotlaiben zu tun, die Leonardo malte!

Steingefäße und die jüdischen Reinheitsvorschriften

Aufgrund der Ausgrabungen in Israel wissen wir heute sehr genau, welches Geschirr man zur Zeit Jesu benutze. Das Essgeschirr musste kultisch rein sein. Am meisten verbreitet war damals Tongeschirr, doch hier gab es große Probleme mit der kultischen Reinheit. Prof. Millard: »In alter Zeit waren Töpferwaren zum überwiegenden Teil unglasierte Tonwaren, die von einer eingefüllten Flüssigkeit etwas aufsaugten. Aus diesem Grund war es nicht möglich, sie vollständig zu reinigen. War also der Inhalt eines solchen Gefäßes unrein gewesen, musste es zerbrochen werden.« (Millard, *Zeit der ersten Christen*, S. 22 f.) Bei den Ausgrabungen in Qumran hat man die Küche der

Links: *Deutlich kann man noch die Meißelspuren auf der Steintasse erkennen.*
Mitte: *Im Israelmuseum werden aus den Ausgrabungen im jüdischen Viertel von Jerusalem wunderschöne steinerne Wasserkrüge gezeigt, wie sie wohl auch auf der Hochzeit zu Kana verwendet wurden. Sie dienten »für die Reinigung nach jüdischer Sitte« (Johannes 2,6). Sie sind jeweils 65–80 cm hoch und aus einem Steinblock geschlagen, der ca. eine halbe Tonne gewogen hat. Diese Steinkrüge konnten bis zu 80 Liter Wasser aufnehmen.*
Rechts: *Keramikgeschirr aus den Ausgrabungen von Qumran.*

Gemeinschaft entdeckt. Fein säuberlich aufgestapelt, lagen hier über 1000 Becher und Teller. Das war viel mehr Geschirr als eine Gemeinschaft von maximal 150 Personen benötigte. Doch weil das Geschirr schnell unrein werden konnte - und damit nicht mehr brauchbar war – hatte man das Geschirr gleich in größerer Menge vorrätig.
Da man nicht jedes Mal das Geschirr zerschlagen konnte, löste man das Problem der kultischen Reinheit durch Gefäße aus Kalkstein, die man rituell reinigen und dann wieder verwenden konnte. In Jerusalem wurde eine ganze Industrie zur Herstellung solcher Kalksteingefäße entdeckt (vgl. Magen, *The Stone Vessel Industry in the second Temple Period*). Sie wurden auf einer Drehbank hergestellt, mit einem Meißel bearbeitet und schließlich poliert. In den letzten Jahrzehnten sind bei Ausgrabungen in Israel eine Vielzahl solcher Steingefäße entdeckt worden. Die enorme Bedeutung dieser Funde im Zusammenhang mit der kultischen Reinheit hat Roland Deines in seiner ausgezeichneten Studie *»Jüdische Steingefäße und pharisäische Frömmigkeit«* aufgezeigt.
Wie sah also der Abendmahlsbecher aus, der im Mittelalter zum Heiligen Gral stilisiert wurde? Es muss aller Wahrscheinlichkeit nach so ein Kalksteinbecher gewesen sein, wie auf S. 173 abgebildet, niemals aber ein Trinkbecher aus Metall, der mit Edelsteinen verziert war, wie es mittelalterliche Darstellungen völlig inkorrekt darstellen. Die Vorstellung, dass sich das Abendmahlsgeschirr von 33 n. Chr. erhalten hat, ist absurd. Die Jünger hatten kein Interesse daran, den Steinbecher aufzubewahren und als Reliquie zu verehren.

Heiliger Gral und der Reliquienkult des Mittelalters

Der Mythos um den Heiligen Gral ist auf einen unbiblischen Reliquienkult zurückzuführen. Erste Reliquienkulte finden sich in der Zeit der Byzantiner im 4. Jh. Diese wurden massiv verstärkt durch die Kreuzzüge. Jeder Fürst oder Bischof wollte für seine Kirche Gegenstände besitzen, die mit Jesu Wirken in Zusammenhang standen.
Spötter sagen, dass es alleine vom Kreuz Jesu so viele Partikel gäbe, dass diese mehr als einen Baum ausmachen. Den Reliquien wurde

Die Kreuzritter eroberten 1099 Jerusalem. In ihrer historischen Naivität haben sie viele Ort völlig falsch benannt. So bezeichneten sie den islamischen Felsendom (Bild Mitte) auf dem Tempelberg als »Templum Salomonis«, als »Tempel Salomos«. Dabei war dieser bereits im 6. Jh. vor (!) Chr. zerstört worden. Auch der Tempel aus der Zeit Jesu war schon 70 n. Chr. von den Römern zerstört worden. Der Felsendom steht zwar an der Stelle des einstigen zerstörten jüdischen Tempels, stammt aber erst aus dem 7. Jh. n. Chr. Nicht nur Örtlichkeiten wurden von den Kreuzrittern falsch lokalisiert und bezeichnet, sie überschwemmten Europa auch geradezu mit Reliquien, mit Gegenständen, die angeblich mit Jesu Wirken oder Kreuzigung etwas zu tun hatten, was aber reine Phantasie war.
Mit der vorderen Tempelbergmauer verbaut sieht man im Bild die Al-Aksa-Moschee. Hier hatten die Kreuzritter ihr Hauptquartier.

eine magische Kraft zugeschrieben, so auch dem Abendmahlsbecher, der als *»Heiliger Gral«* bekannt wurde. Es verwundert nicht, dass es nicht nur einen Heiligen Gral gab, sondern gleich mehrere: Sowohl die Kathedrale zu Genua als auch die Kathedrale zu Valencia eifern darum, den »echten« Gral zu besitzen. Der *santo caliz* in Valencia ist eine Achatschale, die kunstvoll mit Goldschmiedekunst umgeben wurde. Eine Achatschale ist aber niemals beim Abendmahl benutzt worden, wie wir bereits oben gesehen haben.
Die ersten Gralslegenden tauchen im 12. Jh. auf. Berühmt ist Wolfram von Eschenbachs *»Parzival«*. Im 13. und 14. Jh. verschmelzen die

mittelalterlichen Romane die bekannten Artussagen mit der Gralslegende und anderen Mythen. Als Gralshelden sind Lancelot und Galahad bis in die Gegenwart bekannt. Auch heute noch lebt der – nebenbei bemerkt völlige unbiblische – Gralsmythos weiter. Richard Wagners *»Parsifal«* gehört zu den Höhepunkten der Bayreuther Festspiele, und auch Hollywood hat die Gralssuche mehrmals verfilmt. Am bekanntesten wurde *»Indiana Jones und der letzte Kreuzzug«* mit Harrison Ford.

Evangelium = Evangelium?

Im Mittelalter blühte der Aberglaube und man dichtete dem Abendmahlsgefäß magische Kräfte an. Wer ihn besaß, der konnte sogar auf ewiges Leben hoffen. Dabei galt das Gefäß nicht nur als der Kelch des letzten Abendmahls, sondern auch als das Gefäß, mit dem das Blut Jesu bei der Kreuzigung aufgefangen wurde. Die Wurzeln dieser Vorstellung reichen bis in das 4./5. Jh. zurück. Wie wir bereits gesehen haben, entstanden in dieser Zeit etliche Schriften, die den Anspruch erhoben, »Evangelien« zu sein und als deren Verfasser Personen des Neuen Testaments ausgegeben wurden. Viele sind heute verwirrt, wenn sie hören, dass es mehr »Evangelien« gab als die bekannten vier aus dem Neuen Testament. Aber die Bezeichnung »Evangelium« (gute Nachricht) war nicht nur eine christliche Formulierung, sondern wurde in der griechisch-römischen Welt auch vorher schon benutzt, etwa wenn ein Herrscher ein große Stiftung gab oder einen Triumph im Krieg erzielte, so war dies eine »gute Nachricht«, ein Evangelium (vgl. Witherington, *The Gospelcode*, S. 97). Als die frühen Christen den Begriff »Evangelium« aufgriffen, meinten sie damit die Berichte von dem Wirken und Leben Jesu. Später wurde dieser Begriff aber auch für erfundene Berichte oder Spruchsammlungen über Jesus benutzt, so beim *Thomas-* oder dem *Philippusevangelium.* Auch das *Judasevangelium*, das zu Ostern 2006 für weltweite Schlagzeilen und Irritationen gesorgt hat, ist historisch völlig wertlos. Es stammt auch nicht von dem Verräter Judas (vgl. Welte, »*»Kein Evangelium*«).

Aus dem 4. Jh. ist uns das sog. *Nikodemusevangelium* überliefert, das die Legende berichtet, wie Joseph von Arimathia in dem Abendmahlsgefäß auch das Blut Christi bei der Kreuzigung aufgefangen haben soll. Die Evangelien berichten zwar, wie Joseph der Leichnam Jesu von Pilatus zur Bestattung überlassen wurde (Johannes 19,38 / vgl. S. 16) mehr aber auch nicht. Nirgendwo wird berichtet, dass das Blut Christi bei der Kreuzigung in einem Gefäß aufgefangen wurde. Die Christen späterer Jahrhunderte begnügten sich aber nicht mit diesen biblischen Berichten, sondern erfanden Legenden, die die Geschehnisse bei der Kreuzigung stark ausschmückten. Dabei wurden Begebenheiten erfunden, die sogar heute noch die katholische, aber auch die orthodoxe Frömmigkeit prägen, wie die Geschichte vom Schweißtuch der Veronika. In der Bibel findet sich nichts davon! Legenden über die Ereignisse bei der Kreuzigung verbreitete auch das *Nikodemusevangelium*, das zu Recht niemals als biblische Schrift akzeptiert wurde. Dennoch prägten diese und andere apokryphe (= verborgene, von der Kirche nicht anerkannte außerbiblische) Schriften ganz massiv über Jahrhunderte die christliche Kunst und die Glaubensvorstellungen. (Dazu gehört auch der Ochs und Esel in unseren Krippenspielen – nur die apokryphen Schriften berichten von Ochs und Esel bei der Geburt Jesu im Stall [Pseudo-Matthäusevangelium, Kapitel 14], nicht die biblischen Evangelien! Ebenso wenig werden im Neuen Testament die Namen der Heiligen Drei Könige verraten. Aber im Volksglauben sind diese Dinge fest verankert.)
Das *Nikodemusevangelium* war »ein immens populäres Buch und wurde von einer lateinischen Übersetzung im 5. Jahrhundert ausgehend in jede europäische Sprache übersetzt. Eine dieser Übersetzungen wurde vollständig in einem späteren Artusroman ... integriert.« (Barber, *Der Heilige Gral*, S. 152). Im *Nikodemusevangelium* 16,7 wird auch zum ersten Mal der Name des römischen Soldaten – Longinus – überliefert, der mit seiner Lanze in die Seite Jesu gestochen hat. In einer späteren Legende ist Longinus ein blinder römischer Soldat. »Als das Blut Jesu den Lanzenschaft hinunter auf seine Hand läuft, führt er die blutige Hand zu seinen Augen und wird auf der Stelle von seiner Blindheit geheilt.« (Barber, *Der Heilige Gral*, S. 153) So wurde neben

Typische Darstellung des »Heiligen Gral«. Reines Wunschdenken des Mittelalters.

dem angeblichen Abendmahlskelch, dem *»Heiligen Gral«*, auch die *»Heilige Lanze«* verehrt. Wer sie in der Schlacht mit sich führte, der meinte auf Gottes Beistand im Krieg rechnen zu können. Der Gralshistoriker Barber urteilt: »Heute sind die Reliquien, mit wenigen Ausnahmen, Teil einer fernen Vergangenheit … Im Mittelalter dagegen waren Reliquien immens machtvolle Objekte, für die im wahrsten Sinne des Wortes das Lösegeld für einen König bezahlt wurde.« (Barber, *Der Heilige Gral*, S. 157) Ganze Kriege wurden um den Besitz solcher Reliquien geführt und besonders durch die Kreuzzüge gab es eine wahre Reliquienschwemme in Europa. Man brachte alle möglichen Gegenstände aus dem Heiligen Land mit und dichtete ihnen magische Eigenschaften an. Das Ganze gehört in den Bereich des Aberglaubens und hat nichts, aber auch gar nichts mit der Botschaft der Bibel zu tun. Nach dem Zeugnis des Neuen Testaments erlöst Jesus Christus und er schenkt das ewige Leben, aber nicht irgendein kultischer Gegenstand!

Der Gral bei Dan Brown

Ebenso abwegig wie die mittelalterlichen Gralslegenden ist die Gralstheorie von Dan Brown, der behauptet, dass der Gral das »königliche Blut« in Maria Magdalena aus der angeblichen Verbindung mit Jesus wäre (S. 342). Wie wir gesehen haben, gibt es keinen einzigen historischen Beleg für eine Ehe Jesu mit Maria. Ganz im Gegenteil! Brown

übernimmt auch diese These aus dem Buch von Lincoln/Baigent/Leigh *»Der Heilige Gral und seine Erben«*, die die mittelalterlichen Gralslegenden neu deuten wollen. Der britische Gralsexperte Richard Barber urteilt in seinem bereits mehrfach erwähnten Standardwerk *»Der Heilige Gral – Geschichte und Mythos«*: Das Buch von Lincoln/Baigent/Leigh ist »das klassische Beispiel der geschichtlichen Verschwörungstheorie ... Es würde ein ebenso umfängliches Buch wie das Original beanspruchen, wenn man die Aussagen in *The Blood and the Holy Grail* [*Der Heilige Gral und seine Erben*] Punkt für Punkt auseinander nehmen und widerlegen wollte ... Die gesamte Argumentation ist im Grunde eine eher durchsichtig konstruierte Kette von Vermutungen ... Dieses Genre lässt sich am besten mit ›selektiver Historie‹ umschreiben; einzelne, die Argumentation stützende historische Fakten werden herangezogen, um zu beweisen, dass das Ganze wahr ist, ohne den Kontext oder widerstreitende Belege zu berücksichtigen.« (Barber, *Der Heilige Gral – Geschichte und Mythos*, S. 349)
Wir müssen dem *Focus* zustimmen, wenn er Ostern in seiner Titelgeschichte *»Der Heilige Gral«* urteilt (15.4.2006): »Seriöse Historiographie schilt die Gattung der Baigent-Monografien Pseudogeschichte, konservative Akademiker fügen noch das Adjektiv ›paranoid‹ hinzu.« (S. 117) Man möchte mit einem bekannten Neutestamentler hinzufügen: »Diese Bücher gehören in den Bereich literarische Schundmärchen!« Dies gilt auch für Dan Browns *Sakrileg*, der die Thesen von Lincoln/Baigent/Leigh begierig und völlig unkritisch aufgegriffen hat. »Es gibt absolut keine Basis für irgendwelche Spekulationen über einen Heiligen Gral, der eigentlich Maria Magdalena ist.« (Bock, *Sakrileg-Verschwörung*, S. 136)

Das letzte Abendmahl und seine Bedeutung

Einen der ältesten Berichte über das letzte Abendmahl haben wir im 1. Korintherbrief (11,23-25) von Paulus, der um ca. 50 n. Chr. geschrieben wurde: *»Der Herr Jesus, in der Nacht, da er verraten ward, nahm er das Brot, dankte und brach's und sprach: Das ist mein Leib, der für* *euch gegeben wird; das tut zu meinem Gedächtnis. Desgleichen nahm er auch den Kelch nach dem Mahl und sprach: Dieser Kelch ist der neue Bund in meinem Blut; das tut, sooft ihr daraus trinkt, zu meinem Gedächtnis.«* Bis heute wird in den christlichen Kirchen bei der Feier des Abendmahls dieser Bericht vorgelesen.

Vom *Kelch* wird im Neuen Testament noch an anderen Stellen gesprochen. Als Jesus nach dem Abendmahl in den Garten Gethsemane geht und dort betet, bittet er: *»Vater, wenn es nach deinem Willen ist, lass doch diesen Kelch an mir vorübergehen; aber nicht mein, sondern dein Wille geschehe.«* (Lukas 22,42) Der Kelch ist hier eine Metapher für den Zorn Gottes (Jesaja 51,17) und für den bevorstehenden Kreuzestod Jesu. Durch seinen Tod wird Jesus einen *neuen Bund* (wörtlich: neues Testament) mit Gott schließen. Der alte Bund war von Gott mit Mose am Berg Sinai bei der Gesetzesgebung geschlossen worden. Nun kommt in Jesus Christus ein neuer Bundesschluss zur Errettung der Menschen, so die Botschaft des Neuen Testaments.

Diese besondere Bedeutung des Abendmahls fasst der Neutestamentler Prof. Ben Witherignton III. so zusammen: »Jesus deutet das Passamahl auf seinen eigenen bevorstehenden Tod und die Befreiung, die dadurch gebracht wird. Wenn er im Zusammenhang mit dem Passamahl sagt: ›Dies ist mein Leib ... dies ist mein Blut‹, wenn er von einem neuen Bund spricht, dann meint Jesus genau das damit, was das Johannesevangelium ... deutlich ausspricht: dass Jesus das neue Passalamm ist, dessen Tod die Sünden der Welt hinweg nimmt, weil er Gottes Gericht über die Sünde auf sich genommen hat.« (Witherington, *The Search for the Holy Grail*, S. 168f.) Im Johannesevangelium 1,29 lesen wir: *»Siehe, das ist Gottes Lamm, das der Welt Sünde trägt!«* So bekommt das Passafest, das Jesus mit seinen Jüngern gefeiert hat, eine ganz neue Bedeutung. Prof. Riesner erklärt dazu: »Mit dem Opfer Jesu sind die alttestamentlichen Opfer hinfällig geworden. Vergebung hängt nun nicht mehr vom Vollzug bestimmter Riten ab, sondern allein vom Glauben an den Sohn Gottes.« (Dave/Riesner, *Jesus und Jerusalem*, S. 67) Deshalb feiern bis heute alle christlichen Kirchen das Abendmahl.

Diese biblische Bedeutung vom letzten Abendmahl fehlt völlig bei

Dan Brown, denn für ihn ist Jesus zwar ein besonderer Mann, aber eben nur ein normal sterblicher Familien-Mensch. Man kann daher nicht erwarten, dass man bei Brown die Bedeutung des Kreuzes im biblischen Sinne oder die Auferstehung finden würde. »Wo Jesus nicht mehr der Gottessohn und Erlöser sein darf, da möchte man wenigstens noch einen sympathischen Menschen als Vorbild behalten.« (Riesner/Betz, *Jesus, Qumran und der Vatikan*, S. 198)

So kann Brown lediglich eine Neuauflage von spekulativen Thesen über den Heiligen Gral bringen. Kein Wunder, dass er daher auch Leonardos *Letzte Abendmahl* auf völlig abwegige Weise interpretiert. Dies alles wird der biblischen Bedeutung des letzten Abendmahles und dem Messiasanspruch Jesu aber in keinster Weise gerecht. Wir werden bei jedem Abendmahl daran erinnert, dass in Jesus Christus Friede mit Gott geschlossen wurde. Dies allerdings haben die alten Meister verstanden und deshalb hat auch Leonardo ein so eindrückliches Gemälde wie das *Letzte Abendmahl* erschaffen, das auch heute noch die Menschen begeistert – trotz seiner historischen Fehler.

In *»Die Sakrileg-Verschwörung«* schreibt Prof. Darrell L. Bock: »In der berühmten Abendmahlsszene, die Leonardo da Vinci in seinem Gemälde festgehalten hat, erklärt Jesus, wozu er in die Welt gekommen war: ›Das ist mein Leib, der für euch gegeben wird ... Dieser Kelch ist der neue Bund in meinem Blut, das für euch vergossen wird‹ (Lukas 22,19-20). Jesus starb, damit wir das Geheimnis des Lebens verstehen und das Leben vor Gott führen können, zu dem uns Gotte erschaffen hat«, so Bock. Als Professor für das Neue Testament fügt er als theologische Erklärung hinzu: »Jesus kam, um zu zeigen, wie ernst Gott die Sünde und die Wiederherstellung des Lebens nimmt. Er kam, um zu zeigen, dass Gott uns so sehr liebte, dass er das Leben seines kostbaren Sohnes in den Tod gab, damit wir das Leben haben. Und dann verwandelte Gott dieses Leben in ein neues Leben, um uns zu zeigen, dass das Leben mehr ist als Essen, Schlafen und Arbeiten. Dadurch, dass er seinen einzigen und geliebten Sohn zu uns schickte, öffnete Gott uns die Tür zu ungebrochener Gemeinschaft mit ihm. Das ist die Botschaft des apostolischen Zeugnisses im Neuen Testament.« (Bock, *Die Sakrileg-Verschwörung*, S. 144)

Nachwort

Ein ›Jesus‹-Bestseller – voll daneben!

»Sakrileg« verdankt, wie wir gesehen haben, seine Popularität ebenso unhaltbaren wie tendenziösen Tatsachenbehauptungen, die in einen Krimi verpackt sind. Ohne die geschickt kaschierten Attacken auf das Christentum wäre *»Sakrileg«* ein durchschnittliches Stück Unterhaltungsliteratur, niemals aber ein Welterfolg geworden.

Dem Urteil von Prof. Carsten Peter Thiede, der auch Literaturhistoriker war, kann man nur zustimmen: Wer auf erzählerische Feinheiten keinen Wert legt, mag ›Sakrileg‹ sogar spannend finden. Über Browns Behauptung, dass Jesus nicht am Kreuz starb, Nachfahren hatte und dass Leonardo da Vinci in seinem berühmten Abendmahls-Gemälde nicht den Jesus-Lieblingsjünger Johannes, sondern Maria Magdalena an der Schulter Jesu zeigt, darüber kann man allerdings nur fassungslos den Kopf schütteln. Denn dieser Roman ist ein Verrat an jeder Form von Glaubwürdigkeit. Ein Sakrileg – ein Frevel – ist dieses Buch in der Tat: Aber nicht am christlichen Glauben, wie es der Autor wohl sehr gerne hätte, sondern an der Literatur. Ein ›Jesus‹-Bestseller – voll daneben!

Die Bücher *»Sakrileg«*, *»Der Heilige Gral und seine Erben«*, *»Die Gottes-Macher«*, *»Verschlusssache Jesus«* oder wie sie alle heißen mögen, sind mehr als fatal! Leider schöpfen viele Leser ihr Wissen über die Bibel und Jesus nur noch aus solcher Sensationsliteratur. Wie viele gutgläubige Leser sind noch immer der Auffassung, dass Autoren ein Gewissen haben – und dass sie, wenn sie Wahrheit ankündigen, sich dann auch an die Wahrheit halten und den Leser nicht betrügen. Prof. Riesner gibt zu bedenken: Wer mit dem Anspruch der Enthüllung oder des Tabubruchs auftritt, kann auf hohe Umsätze und Einschaltquoten hoffen. Wenn große Verlage und einflussreiche Sendeanstalten es zulassen, dass mit wissenschaftlichem Anspruch alles behauptet werden kann, dann ist der Leser den skurrilsten Thesen hilflos ausgesetzt.

Andererseits zeigt das Phänomen dieser pseudoreligiösen Literatur auch ein großes Interesse der Öffentlichkeit an Fragen des Glaubens und an der Person Jesu, und dies unverändert seit fast 2000 Jahren. Die dabei wichtigste Frage lautet: Wer ist Jesus wirklich?

Was wurde aus Jesus nicht schon alles gemacht! Sterblicher Prophet, Wanderrabbi, ein Arier unter Juden, Essener, Guru, Esoteriker, Sozialrevoluzzer, der erste Neue Mann und, und, und … Es ist tröstlich, dass man Jesus einfach nicht vereinnahmen kann.

Der große Judaist und Pionier der Qumranforschung Prof. Otto Betz wies mit Nachdruck darauf hin: »Der bloße Rabbi Jesus, der unübertroffene Gleichniserzähler und gewaltige Prediger, der etwas radikale Pharisäer aus Nazareth mag vielen nicht nur als guter Jude, sondern auch als Vorbild des Christseins erscheinen. Nur das ist nicht der wirkliche, historische Jesus, der gekreuzigte König der Juden! Dieser war der Christus, der Messias! Ihm gegenüber gibt es nur die Alternative: Gottes Sohn oder falscher Prophet – Messias Israels oder Verführer Israels.« … Der Anspruch der Messias zu sein, wurde von Gott bestätigt, der Jesus mit der Auferstehung zum Sohn und Endzeitkönig gemacht hat (Römer 1,2; Apostelgeschichte 2,36). Freilich ist das ein Glaubenssatz …, aber er ist nicht aus der Luft gegriffen, sondern in der Geschichte begründet; er ist das gläubige ›Ja‹ zum Anspruch einer geschichtlichen Person. Ausser solch einem ›Ja‹ bleibt nur das entschiedene ›Nein‹ [des Unglaubens] … Ein Drittes gibt es eigentlich nicht. Denn wer in Jesus nur den wandernden Rabbi … oder den gescheiterten Rebellen sieht, bleibt in seinem [Jesu] Anspruch und dem Zeugnis der Jünger zurück … Es gibt jedoch ein Felsgestein von Fakten, das der Kraft des Zweifels und der Flut immer neuer Theorien über den historischen Jesus widersteht.« (Betz, *Was wissen wir von Jesus?*, S.1, 124f.)

In Interviews wurden wir immer wieder gefragt, warum wir uns die Mühe gemacht haben, ein Antwortbuch auf »Sakrileg« zu veröffentlichen. In der ZDF-Sendung »Sonntags – TV fürs Leben« (7. 5. 2006) lautete die Antwort von Prof. Riesner: »Es gibt unter den Millionen Leserinnen und Lesern [von »Sakrileg«] natürlich auch solche, die sagen: ›Na es wird auch geschichtlich etwas dran sein. Das mit Jesus ist offensichtlich doch anders als das Neue Testament [es sagt]‹ …

Hier geht es nun wirklich um Fragen der Wahrheit, um Fragen des Glaubens und Unglaubens … Wer war [Jesus] nun wirklich? Wie es das Neue Testament sagt, der Sohn Gottes? Oder ein jüdischer Reformer, der letzten Endes gescheitert ist, wenn er auch ein paar gute Gedanken vertreten hat?«

Im ZDF wurde auch die Frage nach der Vereinbarkeit von wissenschaftlichem Denken und Glauben gestellt. Prof. Riesner antwortete als Wissenschaftler und glaubender Christ: »Eine Besonderheit des christlichen Glaubens besteht darin, dass er nicht einfach blinder Glaube ist, sondern es gibt durchaus gute Gründe, die für den christlichen Glauben sprechen, zum Beispiel die zuverlässige Überlieferung des Neuen Testaments. Oder dass wir wirklich über Jesus viel Gesichertes wissen. Aber am Ende, wenn wir das alles sehen, bleibt es immer noch ein Glaubenswagnis zu sagen: Dieser Jesus ist einmalig, er ist der Sohn Gottes, in ihm hat sich Gott ein für allemal offenbart … An Jesus entscheidet sich wirklich die ganze Weltgeschichte, denn wenn es stimmt, dass er die Offenbarung Gottes ist, dann müssen wir ja an Jesus sehen, was Wahrheit, was Liebe, was Hoffnung, was Glaube ist.«

Jesus Christus ist die am meisten geliebte und verehrte, gleichzeitig aber auch die am meisten verleumdete Gestalt der Menschheitsgeschichte. Die frühe Christenheit bezeugte: »Darum hat ihn auch Gott erhöht und hat ihm dem Namen gegeben, der über alle Namen ist, dass in dem Namen Jesu sich beugen sollen aller derer Knie, die im Himmel und auf Erden und unter der Erde sind, und alle Zungen bekennen, dass Jesus, der Christus (d. h. der Messias, der Erlöser), der Herr ist, zur Ehre Gottes, des Vaters.« (Philipper 2, 9–11)

Ob wir in dieses Zeugnis einstimmen und dem folgen, bleibt unsere persönliche Entscheidung.

Literaturverzeichnis

Aland, Kurt, Synopsis Quattuor Evangeliorum, Stuttgart [15]2001 (3. Druck).

Aland, Kurt und Barbara, Der Text des Neuen Testaments. Einführung in die wissenschaftlichen Ausgaben und in Theorie wie Praxis der modernen Textkritik, Stuttgart [2]1989.

Allan, John L., Opus Dei. Mythos und Realität - Ein Blick hinter die Kulissen, Gütersloh 2006.

Avigad, Nahman, Discovering Jerusalem, Jerusalem 1980.

Baigent, Michael, Die Gottes-Macher. Die Wahrheit über Jesus von Nazareth und das geheime Erbe der Kirche, Bergisch Gladbach 2006.

Baigent, Michael / Leigh, Richard, Verschlusssache Jesus. Die Qumranrollen und die Wahrheit über das frühe Christentum, München 1991.

Barber, Richard, Der Heilige Gral. Geschichte und Mythos, Düsseldorf 2004.

Betz, Otto, Was wissen wir von Jesus? Der Messias im Licht von Qumran, Wuppertal [3]1999.

Betz, Otto / Riesner, Rainer, Jesus, Qumran und der Vatikan. Klarstellungen, Gießen [6]1998.

Bock, Darrell L., Die Sakrileg-Verschwörung. Fakten und Hintergründe zum Roman von Dan Brown, Gießen 2006.

Böttrich, Christfried, Tischendorf-Lesebuch. Bibelforschung in Reiseabenteuern, Leipzig 1999.

Broshi, Magen, »Qumran – Die archäologische Forschung. Ein Überblick«, in: Talmon, Shemaryahu (Hrsg.), Die Schriftrollen von Qumran. Zur aufregenden Geschichte ihrer Erforschung und Deutung, Regensburg 1998, S. 27–50.

Brown, Dan, Sakrileg, Bergisch Gladbach 2004.

- ders., Sakrileg. The Da Vinci Code. Illustrierte Ausgabe, Bergisch Gladbach 2005.

- ders., The Da Vinci Code Travel Journal, Washington 2006

Bruce, Frederick F., Das Neue Testament: Glaubwürdig, wahr, verlässlich, Lahr [4]1997.

Ceming, Katharina/Werlitz, Jürgen, Die verbotenen Evangelien. Apokyrphe Schriften, Wiesbaden 2004.

Comfort, Philip Wesley, Early Manuscripts & Modern Translations of the New Testament, Eugene 2001.

Deines, Roland, Jüdische Steingefäße und pharisäische Frömmigkeit. Ein archäologisch-historischer Beitrag zum Verständnis von Joh 2,6 und der jüdischen Reinheitshalacha zur Zeit Jesu. (Wissenschaftliche Untersuchung zum Neuen Testament: Reihe 2, 52), Tübingen 1993.

Edersheim, Alfred / Bimson, John J., Der Tempel. Mittelpunkt des geistlichen Lebens zur Zeit Jesu, Wuppertal 1997.

Ehrman, Bart D., Truth and Fiction in The Da Vinci Code. A Historian Reveals What We Really Know about Jesus, Mary Magdalene and Constantine, New York 2004.

Etchegoin, Marie-France / Lenoir, Frédéric, Das Geheimnis des Da-Vinci-Code. Geheimbünde, Verschwörungen, codierte Gemälde und die wahren Schauplätze in Dan Browns »Sakrileg«, München 2005.

Eusebius, Kirchengeschichte, Bibliothek der Kirchenväter, Reihe II, Bd. 1, München 1937.

Eusebius, Vita Constantini, Bibliothek der Kirchenväter, Bd. 9, München 1913.

Eusebius von Caesarea / Kraft, Heinrich (Hrsg.), Kirchengeschichte, Kösel 1967.

Fabry, Heinz-Josef, »Qumran und das frühe Christentum«, in: Talmon, Shemaryahu (Hrsg.), Die Schriftrollen von Qumran. Zur aufregenden Geschichte ihrer Erforschung und Deutung, Regensburg 1998, S. 71–105.

Finger, Joachim, Jesus – Essener, Guru, Esoteriker? Neue Evangelien und Apokryphen auf den Buchstaben gefühlt, Stuttgart 1993.

Goldsman, Akiva, The Da Vinci Code. Das offizielle Begleitbuch zum Film, Bergisch Gladbach 2006.

Hanegraaff, Hank / Maier, Paul L., Dan Browns Sakrileg. Eine kritische Auseinandersetzung mit dem Mega-Bestseller, Bielefeld 2006.

Heide, Martin, Der einzig wahre Bibeltext? Erasmus von Rotterdam und die Frage nach dem Urtext, Nürnberg ^{4}2005.

Hengel, Martin, Die Evangelienüberschriften, Sitzungsberichte der Heidelberger Akademie der Wissenschaften [Philosophisch-historische Klasse], Heidelberg 1984.

Hennecke-Schneemelcher, Neutestamentliche Apokryphen, Bd. 1, Evangelien, Tübingen [6]1999.

Hesemann, Michael, die Entdeckung des Heiligen Grals. Das Ende einer Suche, München 2003.

Hillefeld, Marc, Ein Code wird geknackt. Dan Browns Roman ›Sakrileg‹ entschlüsselt, Köln 2004.

Hirschfeld, Yizhar, Qumran in Context, Reassessing the archaeological Evidence, Peabody 2004 (die dt. Ausgabe, Qumran – die ganze Wahrheit. Die Funde der Archäologie – neu bewertet, Gütersloh 2006, lag bei Druck noch nicht vor).

Klauck, Hans-Josef, Alte Welt und neuer Glaube, Göttingen 1994.

Köster, Beate / Welte, Michael, Die Bibel. Von den Anfängen bis zur Gegenwart, Düsseldorf 1992.

Kotsch Michael, Sakrileg. Geheime Evangelien?, Lage 2005.

Lincoln, Henry / Baigent, Michael / Leigh, Richard, Der Heilige Gral und seine Erben. Ursprung und Gegenwart eines geheimen Ordens. Sein Wissen und seine Macht, Bergisch Gladbach [7]2005.

Lincoln, Henry / Baigent, Michael / Leigh, Richard, Das Vermächtnis des Messias, Auftrag und geheimes Wirken der Bruderschaft vom Heiligen Gral, Bergisch Gladbach 1987.

Lutzer, Erwin W., Der ›Da Vinci Code‹ – Fakt oder Fiktion?, Dillenburg 2005.

Magen, Yitzhak, The Stone Vessel Industry in the second Temple Period. Excavations at Hizma and the Jerusalem Temple Mount, Jerusalem 2002.

Magness, Jodi, The Archaeology of Qumran and the Dead Sea Scrolls, Grand Rapids 2003.

Mazar, Eilat, The complete Guide to the Temple Mount Excavations, Jerusalem 2002.

Metzger, Bruce M., Der Text des Neuen Testaments. Einführung in die neutestamentliche Textkritik, Stuttgart 1966.

Millard, Alan, Pergament und Papyrus, Tafeln und Ton. Lesen und Schreiben zur Zeit Jesu, Gießen 2000.

- ders., Schätze aus biblischer Zeit. Die Zeit der ersten Christen. Ausgrabungen – Funde –Entdeckungen, Gießen 1994.

Moroni, Claudia, »Ewiger Mythos Qumran«, in: Lippert, Helga, Terra-X – Vom Geheimbund der Assassinen zum Brennpunkt Qumran, München 2003.

Paret, Oscar, Die Überlieferung der Bibel, Stuttgart [4]1966.

Pixner, Bargil, Mit Jesus in Jerusalem. Seine ersten und letzten Tage in Judäa, Rosh Pina 1996.

- ders. / Riesner, Rainer (Hrsg.), Wege des Messias und Stätten der Urkirche, Gießen [3]1996.

Price, Randall, Secrets of the Dead Sea Scrolls, Eugene 1996.

Riesner, Rainer, »An der Auferstehung von Jesus Christus hängt alles. Ein evangelischer Theologieprofessor über Ostern, ›Sakrileg‹ und moderne Bibelübersetzungen«, Idea 12. 4. 2006 (15), S.18–20.

- ders., Essener und Urgemeinde in Jerusalem. Neue Funden und Quellen, Gießen [2]1998.

- ders. / Betz, Otto, Jesus, Qumran und der Vatikan – Klarstellungen, Gießen [6]1998.

Ritmeyer, Leen & Kathleen, The Ritual of the Temple in the Time of Christ, Jerusalem 2002.

Robinson, James M., The Nag Hammadi Library in English, Leiden 1977.

- ders., »Um diesen Kuss wurde zu viel Aufhebens gemacht« in: Burstein, Dan, Die Wahrheit über den Da-Vinci-Code. Das ›Sakrileg‹ entschlüsselt, München 2004, S. 184–188.

- ders., The Secrets of Judas. The Story of the misunderstood Disciple and his lost Gospel, San Francisco 2006.

Rogak, Lisa, Dan Brown. The Man behind The Da Vinci Code. The unauthorised Biography, London 2005.

Schenke, Hans-Martin, Das Philippus-Evangelium, Berlin 1997.

Schick, Alexander, Faszination Qumran. Wissenschaftskrimi, Forscherstreit und wahre Bedeutung der Schriftrollen vom Toten Meer, Bielefeld/Berneck 1999.

- ders., Irrt die Bibel? Auf der Suche nach König David und Salomo. Mythos oder Wirklichkeit?, Hammerbrücke 2004.
- ders., »Codex Sinaiticus: Bibel aus dem 4. Jahrhundert wird ›virtuell‹ vereint«, Bibelreport Juni 2005, S. 8–10.
- ders., »Der Bibelschatz aus dem Abfallkorb«, Bibelreport Dezember 1999, S. 8–9.
- ders., »Qumran. Der ›Code‹-Verfasser offenbart nur oberflächliche Kenntnis seiner Quellen. Spiegelfechter am Werk«, Rheinischer Merkur 18. 5. 2006 (20), S. 26.
- ders., »Der Teich von Siloah. Hier heilte Jesus den Blingeborenen«, Factum 1/2006, S. 26–35.
- ders., »Der verfälschte Jesus, Beim ›Film des Jahres‹ – ›Sakrileg‹ – geht es diese Woche um biblische Wahrheiten«, Idea 17.5.2006 (20), S. 15–17.
- ders., »Unheiliger Nonsens über Jesus Christus. Anmerkungen zu Dan Browns Bestseller ›Sakrileg‹«, Lesen, hören & sehen 1/2006 (Ausgabe zur Leipziger Buchmesse), S. 4–5.
- ders., »Wo Jesus heilte. Ausgrabungen in Jerusalem bestätigen die Glaubwürdigkeit der biblischen Jesus-Berichte«, Sonntagsblatt 16. 4. 2006 (16), S. 1, 4–6.
- ders. / Betz, Otto / Cross, Frank. M., Jesus und die Schriftrollen von Qumran. Wurde die Bibel verfälscht?, Berneck 1996.
- ders. / Gleßmer, Uwe, Auf der Suche nach der Urbibel. Die Schriftrollen vom Toten Meer, das Alte Testament und der geheime Bibelcode, Wuppertal 2000.

Stegemann, Hartmut, Die Essener, Qumran, Johannes der Täufer und Jesus. Ein Sachbuch, Freiburg 1994.

Thiede, Carsten Peter, Jesus – Der Glaube. Die Fakten, Augsburg 2003.
- ders., Der unbequeme Messias: Wer Jesus wirklich war, Basel 2006.

VanderKam, James C., Einführung in die Qumranforschung, Göttingen 1998.
- ders. / Flint, Peter, The Meaning of the Dead Sea Scrolls. Their Significance for understanding the Bible, Judaism, Jesus and Christianity, London 2005.

Vaux, Pere de Roland, Archaeology and the Dead Sea Scrolls, London 1973.
Vermes, Geza, Jesus der Jude. Ein Historiker liest das Evangelium, Neunkirchen-Vluyn 1993.
Welte, Michael, Die Handschriften des Neuen Testaments, Bibel heute 145, 2001, S. 20–24.
- ders., Wie entstand unser Bibeltext?, Welt und Umwelt der Bibel 19, 2001, S. 76–78.
- ders., » ›Kein Evangelium‹ «, Factum 4/2006, S. 26–29.
- ders., »Maria Magdalena. Der Bestsellerautor will eine Fälschung der frühen Christenheit nachweisen. Das Rätsel der ›Gefährtin‹«, Rheinischer Merkur 18.5.2006 (20), S. 25.
Wendel, Carl, »Der Bibel-Auftrag Kaiser Konstantins« in: ders. / Krieg, Werner (Hrsg.), Kleine Schriften zum antiken Buch- und Bibliothekswesen, Köln 1974, S. 35–45.
Wise, Michael / Abegg, Martin jr. / Cock, Edward / Hrsg. von Läpple, Alfred, Die Schriftrollen von Qumran. Übersetzung und Kommentar. Mit bisher unveröffentlichten Texten, Augsburg 1997.
Witherington III., Ben, The Gospel Code. Novel Claims about Jesus, Mary Magdalene and Da Vinci, Downers Grove 2004.
- ders., »The Search for the Holy Grail. Misguided from the Start« in: Meinhardt, Molly D., Mysteries of the Bible. From the Garden of Eden to the Shroud of Turin, Washington 2004, S. 165–169.
Wörther, Matthias, Betrugssache Jesus. Michael Baigents und andere Verschwörungstheorien auf dem Prüfstand, Würzburg 2006.
Zöllner, Frank, Leonardo da Vinci, Mona Lisa, Frankfurt 2002.
- ders., Leonardo da Vinci 1452–1519. Sämtliche Gemälde und Zeichnungen, Köln 2003.
- ders., Frank, Botticelli, München 2005.

Bildnachweis

Alexander Schick/www.bibelausstellung.de: S. 17 rechts, S. 25, S. 26, S. 43, S. 46 rechts, S. 47 (Foto: Caroline Taal), S. 52, S. 57, S. 61, S. 63 links, S. 65, S. 66, S. 67, S. 79, S. 81, S. 83 (Foto: Dr. Helmut Grabowiecki), S. 85, S. 87, S. 88, S. 92, S. 94, S. 103 links (Rekonstruktion Michael Welte), S. 103 rechts, S. 105, S. 106/107, S. 123, S. 150, S. 167, S. 170, S. 172

Estate of John Allegro & Alexander Schick/www.bibelausstellung.de: S. 15, S. 23

Alexander Schick/www.bibelausstellung.de – Mit freundlicher Genehmigung des Israel-Museums: S. 17 links, S. 63 rechts, S. 65, S. 80

Alexander Schick/www.bibelausstellung.de – Mit freundlicher Genehmigung des Rockefeller-Museums, Jerusalem: S. 173 links u. rechts

Todd Bolen/www.bibleplaces.com: S. 175

Paul Smith/ www.priory-of-sion.tripod.com: S. 31

Professor Frank Zöllner: S. 34

ullstein – Archiv Gerstenberg: S. 36 links; ullstein – ullstein bild: S. 36 rechts

SV-Bilderdienst: S. M.: S. 40/41

Alexander Schick/Archiv (www.bibelausstellung.de): S. 46 links, S. 48, S. 58, S. 90

Willfried Bullinger/Alexander Schick/www.bibelausstellung.de: S. 53, S. 110, S. 111

Alexander Schick/www.bibelausstellung.de – Mit freundlicher Genehmigung des Archaeological Museum Amman: S. 56

Professor Claus-Hunno Hunzinger/Alexander Schick/www.bibelausstellung.de: S. 59, S. 60

Ulrich Sahm: S. 78

Alexander Schick/www.bibelausstellung.de – Mit freundlicher Genehmigung des St. Catherine Monastery Sinai: S. 93, S. 96, S. 97, S. 147

Courtesy of the Egypt Exploration Society: S. 100

Dr. Martin Heide: S. 112

Alexander Schick/www.bibelausstellung.de – Mit freundlicher Genehmigung des Instituts für neutestamentliche Textforschung Uni Münster (Bibelmuseum): S. 123, S. 136, S. 156

Koninklijke Brill NV, Leiden & Boston: S. 125, S. 153 (Entnommen aus: Robinson, James M., The Facsimile Edition of the Nag Hammadi Codices: Codex II, Leiden 1974. Abdruck mit freundlicher Genehmigung von Hans van der Meij, Koninklijke Brill NV, Leiden & Boston)

Institut für neutestamentliche Textforschung Uni Münster (Bibelmuseum): S. 131 oben, S. 131 unten, S. 132, S. 133, S. 145

Professor Rainer Riesner: S. 157; Claire Pfann: S. 163

Hesemann, Michael (aus Hesemann, Michael, Die Entdeckung des heiligen Grals, Pattloch, München 2003): S. 178

Kommentierte Literaturlisten, Quellentexte, Interviews, Internetlinks und weitere Informationen unter: **www.das-wahre-sakrileg.de**